IRISCHE LAND- UND HERRENHÄUSER

IRISCHE LAND- UND HERRENHÄUSER

IANTHE RUTHVEN

Aus dem Englischen
von Ute Galter

Gerstenberg Verlag

FÜR SKIMPER,
dessen unentwegte Ermutigung und Unterstützung zur Vollendung des Projekts beitrugen. Danke.

Aus dem Englischen übersetzt von Ute Galter

Die Deutsche Bibliothek – CIP-Einheitsaufnahme
Ruthven, Ianthe:
Irische Land- und Herrenhäuser / Ianthe Ruthven.
Aus dem Engl. von Ute Galter. – Dt. Ausg. –
Hildesheim : Gerstenberg, 1999
Einheitssacht.: The Irish Home <dt.>
ISBN 3-8067-2851-8

Die Originalausgabe erschien 1998 unter dem Titel
The Irish Home bei Collins & Brown Limited London House, Great Eastern Wharf, Parkgate Road, London SW11 4NQ.
Text und Foto Copyright © 1998 Ianthe Ruthven
Alle Rechte vorbehalten

Deutsche Ausgabe
Copyright © 1999 Gerstenberg Verlag, Hildesheim
Alle deutschen Rechte vorbehalten
Satz: Fotosatz Ressemann, Hochstadt
Printed and bound in Singapore
ISBN 3-8067-2851-8

SEITE 1: *Der traditionell im Sommer genutzte Salon von Ballinterry.*
SEITE 2: *Blick in den Hauptschlafraum von Ballaghmore Castle, Grafschaft Laois, einem sogenannten* tower house, *das von dem gälischen Clanchef MacGiollaphadraig um 1480 erbaut wurde.*
SEITE 3: *Der gelbe Salon von Capard.*

DANKSAGUNG

Mein herzlicher Dank richtet sich an alle, die mich – oft kurzfristig – in ihre Häuser einluden und geduldig mit ansahen, wie ich dort alles ein wenig in Unordnung brachte. Ich hoffe, sie erkennen ihr Zuhause auf den Fotos wieder. Wie so oft in Irland traf ich überall auf eine Gastfreundschaft, die weit über das übliche Maß hinausging. Leider konnten aus Platzgründen nicht alle Häuser, die ich besucht und fotografiert habe, in dieses Buch aufgenommen werden. Gleichwohl bin ich auch den Besitzern der nicht berücksichtigten Häuser für ihre Unterstützung sehr dankbar.

Darüber hinaus möchte ich folgenden Personen für ihre wertvollen Beiträge danken: John Aboud, Phillipa Bayliss, Gräfin Anne und dem verstorbenen Grafen Gunnar Bernsdorff, Alfred Cochrane, Tom Dobson, Amanda Douglas, Olivia Durdin-Robertson, John Farrington, Anne Gatti, Kommandant Bill King, Tarka King, Sir John Leslie (Baronet), Samantha Leslie, Ian Lumley, Ruadhan McEoin, John McSweeney, Julian und Carola Peck, Sally Phipps, Sean Rafferty, Nick und Lima Groves Raines, Egerton Shelswell-White, Peter und Gillian Somerville-Large, Dorothy Walker und Gordon Watson.

Mein spezieller Dank gilt Nicola Gordon Bowe, Patrick Bowe, Desmond und Penny Guinness, Marina Guinness, Claudia Kinmonth, John McBratney, Nabil Saidi und Jeremy Williams, die für mich den Kontakt zu einigen der erwähnten Hausbesitzer herstellten. Zu den vielen anderen, die mir ihr Wissen, ihre Zeit und Erfahrung zur Verfügung stellten und mich voller Gastfreundschaft aufnahmen, gehören: Dr. Toby Barnard, Pauline Bewick, Paul Caffrey, Joanna Cramsey, Anthony Farrell, David FitzHerbert, Peter und Phyllis Fleming, Prof. Roy Foster, Kieran und Vivienne Guinness, Ros Harvey und Tim Stampton, Simon Kenna, Vere Lenox-Conyngham, Michael Lynch, Peter Marson, Nicholas und Susan Mosse, Senator David Norris, Sir Michael und Lady Nugent, Noelle Campbell Sharp, Desirée Short, Pip Simmons und Chris Wilson. Jackie Byrne bei Primary Colour in Dublin steuerte unschätzbare Hilfe bei.

Dank auch an Cindy Richards und David Fordham im Verlag Collins & Brown für ihre Geduld und Ausdauer beim Layout- und Herstellungsprozeß sowie an Alison Wormleighton für ihre hilfreichen Anmerkungen zum Text.

Von ganzem Herzen danke ich vor allem Paul Keegan und Lizzie van Amerongen, deren fortwährende Unterstützung, Ermutigung und Hilfe in Dublin und Kilkenny alles nur Erdenkliche möglich machte.

Zitat auf S. 119: »Settings« aus *Seeing Things* von Seamus Heaney. Copyright © 1991 Seamus Heaney. Mit freundlicher Erlaubnis: Farrar, Straus & Giroux, Inc., New York, sowie Faber & Faber, London.

INHALT

RECHTS: *Eine saitenlose Harfe im Salon der North Great Georges Street Nr. 50, Dublin.*

NÄCHSTE DOPPELSEITE: *Blick vom Flur ins Musikzimmer in Ballinterry.*

EINLEITUNG 7

KAPITEL 1: **EXTRAVAGANZ UND GRÖSSE** 14
Castletown 17 • Castlecoole 23 • Newbridge House 29 • Drei Häuser in Dublin 35

KAPITEL 2: **ROMANTISCHE ELEGANZ** 40
Leixlip Castle 43 • Berkeley Forest 51 • Bantry House 55 • Castle Leslie 63

KAPITEL 3: **LIEBENSWERTES DURCHEINANDER** 72
Die Old School 75 • Ballinterry 83 • Die Vogelmänner von Mullet 89 • Pickering Forest 95
Huntington Castle 99 • Oranmore 107

KAPITEL 4: **VARIATIONEN LÄNDLICHER IDYLLE** 110
Das Mellon-Cottage 113 • Bothar Bui 119 • Ballynabrocky 123 • Gola Island 129
Knockalahara 133 • Croaghan 139

KAPITEL 5: **RESTAURIERUNG UND ERNEUERUNG** 142
Capard 145 • Arlands Inch 151 • Prehen 157 • Fedany 163 • Corke Lodge 169

REGISTER 176

EINLEITUNG

LINKS: *Farbenprächtige Cottages in der Grafschaft Cork. Kräftige Töne und ein gewisser künstlerischer Übermut sind hier verbreitet anzutreffen. Auf der Halbinsel Beara erstrahlen ganze Dörfer in leuchtenden Farben.*

RECHTS: *Traditionelle irische Anrichte in zwei Farbtönen mit Haltesprossen für Teller.*

EINLEITUNG

Der schwer definierbare Zauber irischer Häuser ist in der Literatur bislang nachhaltiger beschrieben und gepriesen worden, als die Fotografie es vermochte. Für ein Volk, das aus politischen oder wirtschaftlichen Gründen schon so oft ins Exil getrieben wurde, hat die Heimstätte der Vorfahren, ganz gleich ob Schloß oder Cottage, eine besondere Bedeutung. Dabei erweist sich die Vorstellung, die sich die Menschen von dieser Heimstätte machen, als viel dauerhafter denn Steine, Möbel oder Stoffe. Meist hat der subjektive Wert von Objekten dieser Art weniger mit ihrer Ästhetik zu tun als mit den Assoziationen, die sie auslösen.

Geschichte wird von allen Häusern in diesem Buch auf unterschiedliche Weise vermittelt. Doch während die weit verbreitete Vorstellung vom typisch irischen Stil nach wie vor dem einfachen Postkartenidyll reetgedeckter Cottages oder normannischer Bankettsäle folgt, ist der tatsächliche irische Stil als Ausdruck gelebter Erfahrungen viel komplexer und mithin viel schwerer darzustellen. Er ist nicht das Ergebnis eines stringenten Entwicklungsprozesses oder des konsequenten Befolgens einer lokalen Stilrichtung. Vielmehr ist er das Resultat einer Auf- und Annahme fremder Stilrichtungen, die man auf mannigfaltige Weise zur Selbstdarstellung nutzte.

Prozesse dieser Art sind selbstverständlich in die historischen und kulturellen Entwicklungen des betreffenden Landes eingebettet. Vor der normannischen Eroberung im Jahre 1066 war in England bereits ein Jahrtausend lang Straßenbau und Urbanisierung betrieben worden. In Irland hingegen, das mehr als ein Jahrhundert später von Normannen erobert wurde, gab es bis dahin kaum eine landestypisch zu nennende Architektur. Die ersten Städte – Limerick, Waterford, Dublin und Cork – waren ursprünglich Wikingerforts gewesen; die Normannen dagegen errichteten prachtvolle Schlösser, und allmählich verwandelten sich, gerade im turbulenten Westen, Festungen oder Turmbauten wie Oranmore in Galway (S. 107) zu normannisch-gälischen Machtzentren.

Gegen Ende des Mittelalters hatten die Iren einen Großteil ihres Landes zwar zurückerobert, doch in den folgenden Jahrhunderten wurden zahlreiche Besitztümer durch England konfisziert und sich ansiedelnden Protestanten aus England und Schottland zur Verfügung gestellt. Im späten 17. Jahrhundert erhoben sich die Iren unter dem Katholiken Jakob II. gegen den Protestanten Wilhelm von Oranien, der Jakob auf dem Thron abgelöst hatte, und erlitten in der Schlacht am Boyne 1690 eine historische Niederlage. Die einheimische Aristokratie – gälische Clans sowie einige zum Teil integrierte Anglo-Normannen – bezahlte für ihre Unterstützung von Jakob II. einen hohen Preis. Viele flohen ins Ausland, um Englands Feinden militärischen Beistand zu gewähren: In den folgenden fünfzig Jahren starben 150 000 Iren in Diensten der französischen Armee. Nur wenige Länder mußten jemals derart hohe Verluste in den Reihen ihrer aristokratischen Klasse hinnehmen.

Weil die reformierte Religion mit der neuen politischen Ordnung in Verbindung gebracht wurde, verliefen die Trennungslinien fortan weniger zwischen »irisch« und »englisch« als zwischen »katholisch« und »protestantisch«. »In der neuen Aristokratie«, schreibt Peter Somerville-Large, »stand einem Mann jede erdenkliche Position offen, solange er Protestant war. Wer auf Wohlstand hoffte, war versucht zu konvertieren, und bescheidene papistische Landbesitzer konnten ihren Grund und Boden behalten, wenn sie ihre Religion wechselten.« Das Echo der Eroberung klingt nach wie vor in den Namen von Landhäusern wie Castletown, Castlecoole und Castle Leslie an, die zwar nicht als Festungen, aber gleichwohl als Ausdruck von Macht gebaut worden waren.

Der Unterschied zu England ist gewaltig. In den Worten der irischen Autorin Molly Keane strahlen englische Landhäuser »Ruhe und Beständigkeit aus und schmiegen sich in

EINLEITUNG

LINKS: *Dieses dreigeteilte Holzgestell befand sich in Ballinterry, als Hurd Hatfield das Haus erwarb. Nun steht es im Eßzimmer und dient als Tellerständer.*

RECHTS: *Die Küche in Glebe House in der Grafschaft Donegal. In dem heutigen Museum wohnte einst der Maler Derek Hill. Bis auf den gelegentlichen Anstrich der Anrichte hat sich hier über die Jahre wenig verändert.*

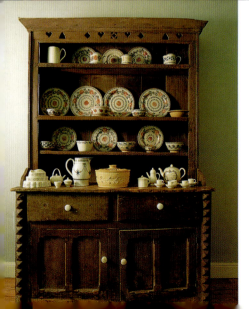

OBEN: *Die große Anrichte in der alten Küche in Newbridge House stammt aus dem 18. Jahrhundert. Die verschiedenen Gegenstände werden für das reibungslose Bewirtschaften eines großen Landhauses benötigt.*

LINKS: *Eine alte irische Anrichte in einem kunstvoll ausgestatteten Cottage in Kilfane, Grafschaft Kilkenny.*

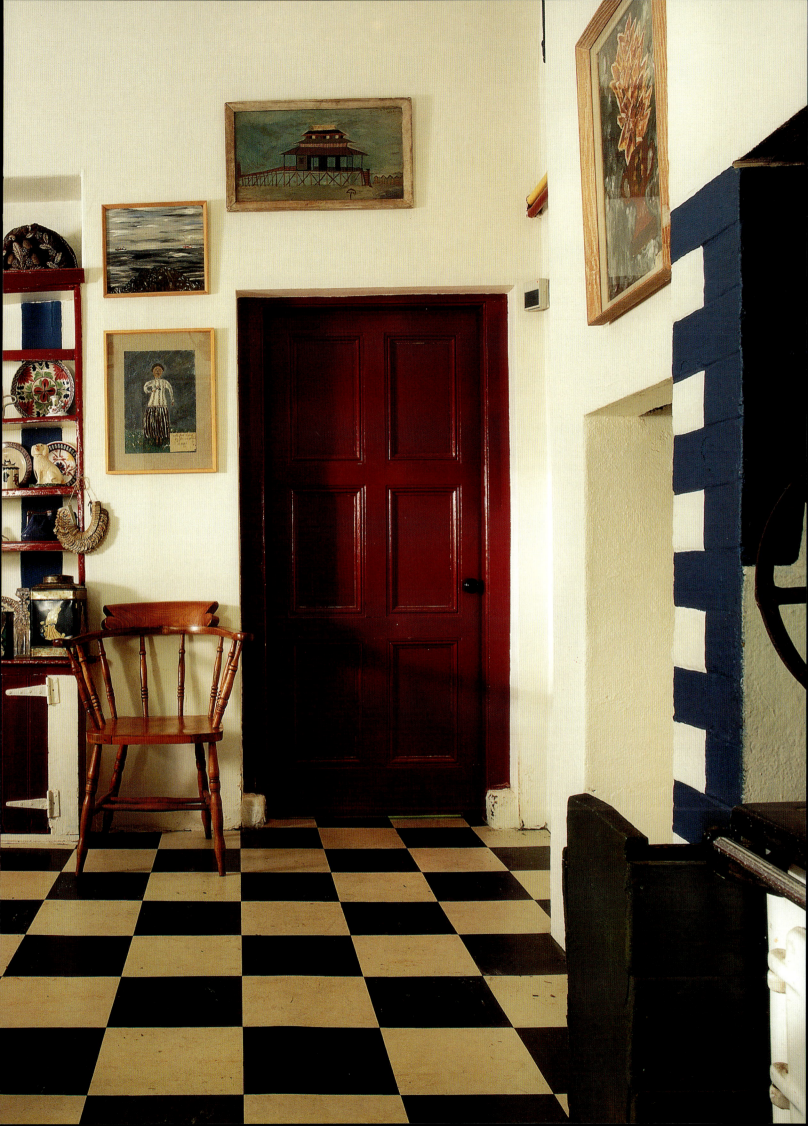

EINLEITUNG

Rechts: *Die alte Küche in Ballynabrocky dient heute als Wohnzimmer. Ein Großteil des Mobiliars wurde in der Umgebung oder in Dublin für einen Spottpreis erstanden. Die unlasierten Fliesen stammen aus der Gegend.*

die bewaldeten Täler wie eine Tasse in ihre Untertasse.« Ihre irischen Gegenstücke dagegen »wirken geradezu ätherisch in ihrer Nutzlosigkeit und mit ihrer unermeßlichen Größe, die ihre Baumeister alleine einem Ziel unterordneten: Schönheit«. Hinzuzufügen wäre, daß man mit dieser Schönheit sowohl beeindrucken als auch einschüchtern wollte.

Um dieses Thema geht es im ersten Kapitel *Extravaganz und Größe*. Das größte und immer noch großartigste der irischen Häuser, Castletown, wurde von William Conolly erbaut, einem besonders erfolgreichen Selfmademan, der von der irisch-protestantischen Vorherrschaft profitierte und seine Position trefflich ausnutzte: Mit den Handelsgewinnen aus ehemals katholischem Grundbesitz errichtete er ein Herrenhaus, das seiner neuen Position als Präsident des nunmehr rein protestantischen irischen Parlaments angemessen war. Nach Ansicht des Historikers Roy Foster deutet die Extravaganz solcher Projekte auf ein unterschwelliges Gefühl der Unsicherheit hin: »Mit solchen Bauten bestätigte man, daß die Vorherrschaft existierte und bleiben würde.« Ein Beispiel für den Irrsinn solcher Unternehmungen – aus rein praktischer Sicht – ist Castlecoole. Dieses klassizistische Juwel, errichtet aus den erlesensten Importmaterialien, trieb seinen Besitzer, den ersten Grafen von Belmore, beinahe in den Ruin. Der Reichtum der anglikanischen Kirche von Irland – der moralischen Instanz, auf die sich die Vorherrschaft berief – zeigt sich in Newbridge, Sitz eines Erzbischofs, in reich verzierten Türrahmen und kunstvollen Rokoko-Decken.

Die Bauten im zweiten Kapitel *Romantische Eleganz* weisen sich durch einen Prunk und eine Überschwenglichkeit aus, wie sie für die anglo-irische Vormachtstellung auf ihrem Höhepunkt typisch war. Um äußeren Schein und um Ansehen gegenüber den reicheren Verwandten auf der englischen Mutterinsel bemüht, ließ die anglo-irische Gesellschaft ihrer Phantasie freien Lauf. Vielleicht liegt dieser Extravaganz der alte gälische Geist zugrunde, verbunden mit einem unterschwelligen Gefühl der nahenden Nemesis. Und für viele trat diese auch tatsächlich ein: in Form der Großen Hungersnot Mitte des 19. Jahrhunderts, als viele Pächter verhungerten oder emigrierten, sowie in Form der späteren Gesetze, der sogenannten *Wyndham Acts*, die zur Aufteilung großer Grundstücke führten. Eine andere Art der Eleganz, etwas konzentrierter und weniger überladen, zeigt sich in der gotisch gestalteten Inneneinrichtung von Leixlip Castle aus dem 18. Jahrhundert. Hier hebt sich edles irisches Mobiliar vor kräftigen, gleichwohl unaufdringlichen Farben ab – ein seltenes Beispiel für ein seit normannischer Zeit fortdauernd bewohntes Schloß.

Im dritten Kapitel *Liebenswertes Durcheinander* wird gewürdigt, was der irische Richter und Politiker Sir Jonah Barrington in seinen Memoiren Anfang des 18. Jahrhunderts als »Verfallskult« bezeichnete – wobei die Abbildungen auch zeigen sollen, was trotz begrenzter finanzieller Mittel allein mit Talent und Phantasie möglich war und ist. Der Besitzer von Ballinterry, der Amerikaner Hurd Hatfield, verfügte zwar über keine offensichtlichen Verbindungen zu Irland, er entdeckte aber – wie andere seiner Landsleute – in einem alten irischen Haus die perfekte Bühne für seine Auseinandersetzung mit der Vergangenheit. In ihrem Bungalow Pine Cottage in der Grafschaft Mayo haben Anthony und Michael Coyle, die »Vogelmänner von Mullet«, ein echtes Meisterwerk der Heimatkunst geschaffen. Huntington Castle aus dem 17. Jahrhundert – Schauplatz für Stanley Kubricks Film *Barry Lyndon* – stellt ebenfalls eine ganz eigene Kategorie dar: Das Erdgeschoß voller verblichener Wandteppiche und ausgestattet mit eleganten Stuckdecken ist religiösen Ritualen vorbehalten, die in Irland seit der Verbannung von Schlangen und Dämonen durch St. Patrick nicht mehr vollzogen worden waren.

Das vierte Kapitel, *Variationen ländlicher Idylle*, beschäftigt sich mit abgeschiedenen, neuerdings instandgesetzten Gebäuden. In einer urwüchsigen, wunderschönen Gegend im Westen von Cork restaurierten Robin Walker und seine Frau Dorothy zwei kleine Häuser, Bothar Bui, vermutlich aus dem 17. Jahrhundert, die heute zu einem Weiler gehören und einen einzigartigen Blick über die MacGillycuddy's Reeks bieten. Der moderne und gleichzeitig unaufdringlich-funktionale Stil Robins paßt hervorragend zu den rauhen, weiß getünchten Wänden der alten Steinhäuschen. In Ballynabrocky in der Grafschaft Wicklow restaurierte der Künstler Patrick Scott ein traditionelles einfaches Landhaus und richtete es mit schlichtem Cottage-Mobiliar ein, das er zum Teil kostenlos erhalten hatte. Ein Cottage auf Gola Island vor der Küste von Donegal ist das Ergebnis von Aus-

dauer und Genialität: Nick und Limma Groves Raines trotzten jahrelang Wind und Wetter, um für die Nachwelt eines von zahlreichen Cottages zu restaurieren, die vor mehr als dreißig Jahren verlassen worden waren. Das Mellon-Cottage im Ulster Heimatmuseum weckt Erinnerungen an traditionelle irische Häuser mit ihren zentralen Feuerstellen, bevor sie durch moderne Bungalows mit großen Aussichtsfenstern und Zentralheizung ersetzt wurden. Der höhere Komfort hatte seinen Preis: Wer das Verschwinden der Feuerstellen in den Landküchen und den darauf folgenden Einzug von zunächst krummbeinigen Eisenöfen und später willkürlich plazierten Heizkörpern erlebte, vermochte, in den Worten des Dichters Seamus Heaney, »die mit dem Modernisierungsprozeß verbundenen Leiden nahezu körperlich zu spüren ... Jede Feuerstelle stand stellvertretend für alle Feuerstellen, die jemals existierten. Dankbar wurde jeden Morgen ... die erste Flamme entzündet. Durch den schnellen Wandel ... hin zur Zentralheizung hat alles Wundersame ein jähes Ende«.

Die Kunst einer gelungenen Restaurierung besteht darin, die Atmosphäre der Vergangenheit, wie sie sich in der Aufteilung der Räumlichkeiten und in der Wahl des Interieurs offenbart, zu bewahren und mit den heutigen Ansprüchen an Komfort in Einklang zu bringen. Irlands Beitritt zur EU und die damit einhergehende gesteigerte Lebensqualität sowie der vermehrte Wohlstand hatten zur Folge, daß zahlreiche alte Häuser instandgesetzt wurden. Im fünften Kapitel, *Restaurierung und Erneuerung*, werden kreative Beispiele vorgestellt, die zeigen, wie sich der alte Kern eines Hauses erhalten läßt, ohne sich damit der Vergangenheit zu unterwerfen. Tom Dobson erweckte Capard wieder zum Leben – ein prächtiges Haus in der Grafschaft Laois aus dem 19. Jahrhundert. Bei der liebevollen Restaurierung von Prehen betonten Julian und Carola Peck dessen architektonische Besonderheiten durch kräftige Farben. In Cork Lodge entwickelte Alfred Cochrane eine Reihe verspielter postmoderner Variationen zum Thema Klassik contra Gotik, das auf den irischen Regency-Architekten James Shiel zurückgeht.

Man mag verständlicherweise nach dem verbindenden Thema dieses Bildbandes fragen. In Irland wurde Individualismus schon immer mehr geschätzt als die Neigung, sich sklavisch der Mode zu unterwerfen. Und ähnlich wie die irische Gastfreundschaft wird jedem, der die Insel betritt, auch diese tolerante Grundhaltung zuteil: Wer sich im Ausland inspirieren läßt, kann die eigenen Ideen hier ohne die andernorts üblichen Beschränkungen verwirklichen. Und so besitzen die Häuser, obwohl in Größe und Funktion ganz unterschiedlich, doch alle eine Gemeinsamkeit: Ihre Besitzer hatten den Mut, sich von ihrer Intuition leiten zu lassen.

1. EXTRAVAGANZ

UND GRÖSSE

EXTRAVAGANZ UND GRÖSSE

CASTLETOWN

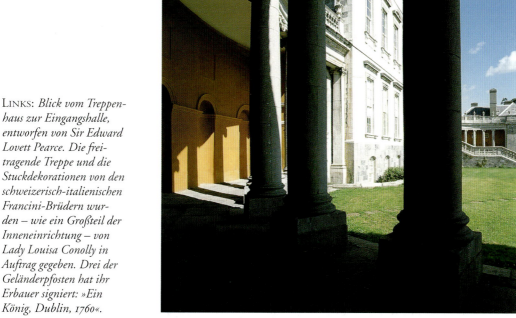

LINKS: *Blick vom Treppenhaus zur Eingangshalle, entworfen von Sir Edward Lovett Pearce. Die freitragende Treppe und die Stuckdekorationen von den schweizerisch-italienischen Francini-Brüdern wurden – wie ein Großteil der Inneneinrichtung – von Lady Louisa Conolly in Auftrag gegeben. Drei der Geländerpfosten hat ihr Erbauer signiert: »Ein König, Dublin, 1760«.*

LINKS: *Die Vorderfront, vom westlichen Säulengang aus gesehen. Der dreigeschossige Hauptbau ähnelt einem städtischen Renaissancepalazzo. Die Flügel wurden von Sir Edward Lovett Pearce, der in einem späteren Stadium die Bauarbeiten leitete, im Stil des Palladianismus errichtet. Nach dem Vorbild einiger italienischer Villen beherbergen sie Stallungen und Dienstbotenunterkünfte.*

Das in den Jahren 1719 bis 1732 für William Conolly errichtete Herrenhaus Castletown in der Grafschaft Kildare war das erste und größte Gebäude in Irland, das im Stil des Palladianismus erbaut wurde. »Ich fühle mich für mein Land geehrt«, schrieb Sir John Perceval an den Philosophen und Bischof der Kirche von Irland, George Berkeley, »daß Mr. Conolly ein so prachtvolles Gebäude in Auftrag gegeben und dafür Ihren Rat eingeholt hat ... denn als das großartigste Haus von ganz Irland, das sich Ihrer Beschreibung nach als Domizil für einen Prinzen eignet, sehe ich es als Inbegriff des Königreiches an, in dem unzählige Kostbarkeiten Platz haben sollten.«

Wenngleich der Gesamtentwurf dem florentinischen Architekten Alessandro Galilei zugeschrieben wird (für die Flügel zeichnete Sir Edward Lovett Pearce verantwortlich), könnte er ebensogut dem *Vitruvius Britannicus* entnommen sein (einem für den Palladianismus wichtigen, dreibändigen Werk aus den Jahren 1715, 1717 und 1725), in dem zahlreiche ähnliche englische Häuser abgebildet sind. Allerdings spiegeln seine Ausmaße möglicherweise ein unterschwelliges Gefühl der Unsicherheit wider, ein gewisses Imponiergehabe. William Conolly, von 1715 bis zu seinem Tod im Jahre 1729 Sprecher des irischen Unterhauses, stammte aus Donegal. In bescheidenen Verhältnissen aufgewachsen, entwickelte er sich als Notar zu einem der wohlhabendsten Männer seines Landes – hauptsächlich durch den Handel mit Grundstücken, die Katholiken infolge des Krieges gegen Wilhelm von Oranien verloren hatten. Sein am Ufer des Liffey westlich von Dublin gelegener, riesiger italienischer Palazzo mit Flügeln für Stallungen und Dienstbotenunterkünfte strahlt eine fast einschüchternde Erhabenheit aus. Er ist ein zu Stein gewordenes politisches Manifest.

EXTRAVAGANZ UND GRÖSSE

CASTLETOWN

RECHTS: *Im 18. Jahrhundert diente die lange Galerie als Wohnraum mit »edlen Gläsern, Büchern, Musikinstrumenten und einem Billardtisch«, wie Lady Caroline Dawson nach einem Besuch 1778 feststellte. In der größten Nische steht eine Skulptur der Göttin Diana aus dem 17. Jahrhundert. Der gläserne Kronleuchter ist einer von dreien, die in Venedig speziell für Castletown gefertigt wurden.*

OBEN: *Lady Louisa Conolly ließ in den 1770er Jahren die lange Galerie mit Fresken im pompejischen Stil schmücken.*

EXTRAVAGANZ UND GRÖSSE

CASTLETOWN

Rechts: *Der grüne Salon, in den 1760er Jahren renoviert, diente als Empfangszimmer. Die irischen Stühle zu beiden Seiten des Lackschränkchens stammen aus Headford House, Grafschaft Meath.*
Unten: *Der* print room *mit den Drucken als Wandschmuck wurde von Lady Louisa entworfen und ist in Irland der einzige seiner Art, der aus dem 18. Jahrhundert erhalten ist.*

William Conolly hat die Vollendung seines Vorhabens jedoch nicht mehr erlebt. Nach dem Tod seiner Witwe im Jahre 1752 ging Castletown in den Besitz seines Großneffen Tom Conolly über. Dessen Frau Lady Louisa Conolly, Tochter des Herzogs von Richmond, widmete sich maßgeblich der Inneneinrichtung und der Gestaltung des *print room*, was zweifellos auch auf ihre Geschwisterrivalität zurückzuführen ist: Ihre Schwester Emily, Herzogin von Leinster, herrschte über das in der Nähe gelegene Carton und schenkte 23 Kindern das Leben, bevor sie sich nur ein Jahr nach dem Tod ihres Gatten mit dem Hauslehrer ihrer Sprößlinge vermählte – eine gesellschaftliche Schande ohnegleichen. Louisa dagegen blieb kinderlos – ihr Augapfel war Castletown. In ihrer Sterbestunde ließ sie auf dem Rasen ein Zelt errichten, um von dort einen letzten Blick über das Gebäude schweifen zu lassen.

Das Haus blieb bis 1967 in den Händen von William Conollys Nachfahren. Desmond Guinness, Begründer der Irisch-Georgianischen Gesellschaft, rettete es vor dem sicheren Verfall und machte es für die Öffentlichkeit zugänglich.

OBEN: *Die französischen Wandbespannungen aus rotem Damast im Salon datieren aus den 1820er Jahren. Der Sekretär wurde für Lady Louisa in den 1760er Jahren gebaut. Zur Linken hängt ein Porträt von Thomas, dem Grafen von Louth, zur Rechten ein aus dem späten 18. Jahrhundert stammendes Bildnis einer unbekannten Dame.*

EXTRAVAGANZ UND GRÖSSE

CASTLECOOLE

OBEN: *Castlecoole, ein Glanzstück klassizistischer Bauweise, inmitten einer wunderschönen Parklandschaft gelegen. Die vier mächtigen ionischen Säulen, die den zentralen Portikus tragen, setzen sich optisch in den Kolonnaden der kannelierten dorischen Säulen mit je einem dorischem Pavillon fort.*
LINKS: *Blick vom ovalen Salon in den Gesellschaftsraum mit hochwertigem Mobiliar und Stuckarbeiten. Die vergoldeten Lampenständer zu beiden Seiten der Türen wurden speziell für diesen Raum der Regency-Suite hergestellt.*

Wenn es im Irland des späten 18. Jahrhunderts ein wahrhaft palastähnliches Gebäude gab, dann war es Castlecoole in der Grafschaft Fermanagh. Unübersehbar bringt es das Anliegen seines Erbauers Armar Lowry Corry, des ersten Grafen von Belmore, zum Ausdruck. »Es sollte das Domizil einer großen irischen Politikerfamilie werden«, meint der Historiker Anthony Malcomson. »Nicht nur ein Wohnsitz, sondern ein Schaustück, das Belmores Stellung in der irischen Gesellschaft und seinen Einfluß im irischen Unterhaus unterstreichen sollte.« Bedauerlicherweise hätte der Zeitpunkt für Belmores grandioses Vorhaben nicht ungünstiger sein können: Kurz nach Fertigstellung des Hauses im Jahre 1797 wurde das irische Parlament aufgelöst, und sämtliche Befugnisse gingen an London über. Als Gegner der Union mit Großbritannien verlor Belmore seinen politischen Einfluß weitestgehend. Von Rheuma und Gicht geplagt, zog er sich nach Bath zurück; fortan sollte sich sein Sohn Somerset, der Viscount Corry, mit den Folgen der politischen Bedeutungslosigkeit seiner Familie auseinandersetzen.

EXTRAVAGANZ UND GRÖSSE

CASTLECOOLE

VORHERGEHENDE DOPPELSEITE: *Thomas Sheraton zufolge sollte eine Eingangshalle »die Würde des Besitzers ausdrücken«. In diesem Fall schuf James Wyatt eine Halle mit großer Tiefe und verwendete den gleichen Stein wie für die Außenfassade. Die einzigen Schmuckelemente sind der schlichte dorische Fries und Säulen aus Porphyr-Stuckmarmor.*

RECHTS: *Der Salon mit typischem Regency-Mobiliar – vergoldete Sofas und Stühle, Tische aus Rosenholz und ein Trumeau-Spiegel. Die Porträts an der Stirnseite zeigen den ersten Grafen von Belmore (links) und seine Gattin Lady Margaret Butler (rechts). In der Mitte ist Elizabeth Corry (1715–1791) zu sehen, die Tante des ersten Grafen.*

GANZ RECHTS: *Der ovale Saal mit Stuckmarmor-Pilastern vom Salon aus gesehen. Wegen der hohen Baukosten war die Innenausstattung, für die der zweite Graf die gigantische Summe von 50 000 Pfund ausgab, erst nach zwanzig Jahren komplett. Das Regency-Mobiliar stammt zum größten Teil von John Preston, einem führenden Dubliner Polsterer.*

Wie Conollys Castletown (S. 17) spiegeln auch die beeindruckenden Ausmaße von Castlecoole den kometenhaften gesellschaftlichen Aufstieg seines Erbauers wider. In diesem Fall hatte sich der einfache Mr. Lowry Corry, Nachkomme einer Belfaster Tuchhändlerfamilie, über seine Ernennung zum Baron und Viscount Belmore bis zum Grafen von Belmore (1797) emporgearbeitet. Mit nur zwei Stockwerken ist Castlecoole allerdings deutlich kleiner als das dreistöckige Castletown mit seiner imposanten Fensterfront. Vielleicht liegt das in dem inzwischen größer gewordenen politischen Selbstbewußtsein der Protestanten begründet.

Belmore bestand darauf, das Baumaterial aus England zu importieren. Unzufrieden mit dem ursprünglichen, dem Palladianismus verpflichteten Entwurf des Iren Richard Johnston, stellte er den gefragten englischen Architekten James Wyatt ein, der unter dem Einfluß des Werkes *Antiquities of Athens* (1762) von Stuart und Revett dem Haus eine deutlich spürbare, doch zugleich verhalten wirkende griechische Anmutung verlieh. Es wurden keine Kosten gescheut. Der herrliche Portland-Kalkstein wurde nach Ballyshannon in Donegal verschifft, gelangte über Land nach Lough Erne und erneut per Schiff nach Enniskillen; das letzte Teilstück des Transportes wurde per Ochsenkarren zurückgelegt. Auch englische Stukkateure wurden unter der Leitung von Joseph Rose beschäftigt.

Als Lord Belmore 1802 starb, hinterließ er einen Schuldenberg von 70 000 Pfund – sein mächtiges Haus hatte doppelt soviel gekostet, als ursprünglich kalkuliert. Ob die sehr bescheidene Inneneinrichtung ein Ausdruck klassizistischer Eleganz oder das Ergebnis fehlender finanzieller Mittel war, bleibt dahingestellt. 1951 erwarb der *National Trust* Castlecoole; seither hat man mehr als drei Millionen Pfund für die Restaurierung ausgegeben.

EXTRAVAGANZ UND GRÖSSE

NEWBRIDGE HOUSE

Links: *Das mit Steinplatten ausgelegte Vestibül, das an den Empfangsraum von Newbridge House angrenzt, erzeugt eine weiträumige Atmosphäre. Der prunkvoll gestaltete Eingangsbereich zum roten Salon ist mit einem teilweise vergoldeten und reich verzierten Giebeldreieck geschmückt und zu beiden Seiten von kannelierten und vergoldeten Säulen mit korinthischen Kapitellen gesäumt. Einige der Gefäße und Statuen stammen aus Heywood House in der Grafschaft Laois.*

Links: *Die Parklandschaft von Newbridge House ist ein vortreffliches Beispiel für die irische Landschaftsgestaltung des 18. Jahrhunderts. Obwohl nicht ganz sicher ist, wer für den Entwurf verantwortlich zeichnete, weisen Unterlagen aus dem Jahr 1776 auf Charles Frizell hin, den Mitarbeiter eines bekannten Landvermessungsunternehmens in Wexford.*

Ein wahrer Bischof«, schrieb Theophilus Bolton, anglikanischer Geistlicher und späterer Erzbischof von Cashel, »muß nichts anderes tun als essen, trinken, dick (und) reich werden und sterben.« Da nur kleine Gemeinden zu betreuen waren – der Anteil der Protestanten an der Gesamtbevölkerung lag bei knapp 25 Prozent, und darunter gab es viele sogenannte *dissenters* –, konnte der anglikanische Klerus im 18. Jahrhundert stark zur englischen Hegemonie über Irland beitragen. Ältere Mitglieder profitierten von den großzügig bemessenen Stiftungsgeldern der etablierten Kirche. Einer von ihnen war Charles Cobbe. 1717 als Kaplan seines Cousins, des *Lord Lieutenant*, von England aus herübergekommen, brachte er es bis zum Erzbischof von Dublin. Im Jahre 1737 – als Bischof von Kildare hatte er bereits einen festen Platz auf der kirchlichen Beförderungsleiter erklommen – beauftragte er seinen Freund George Semple mit dem Bau einer eindrucksvollen und doch schlichten Villa auf seinem Grundbesitz Newbridge bei Donabate, im Norden von Dublin.

Nach seinem Tod im Jahre 1765 ging das Anwesen an seinen zweiten Sohn Thomas über, der die reiche Erbin Lady Elizabeth Beresford (bekannt als Lady Betty) heiratete, Tochter des Grafen von Tyrone und die eleganteste Dame Dublins. Das Paar liebte aufwendige Bankette und ließ einen weiteren geräumigen Salon als Bildergalerie für ihre Sammlung alter Meister anbauen. Diese Gemälde hatte Matthew Pilkington, der Pfarrer von Donabate und der Autor des ersten englischsprachigen Malerlexikons, in ihrem Auftrag zusammengetragen. Zu Lebzeiten von Lady Betty und »Old Tommie«, wie ihr Gatte genannt wurde, gingen im Haus viele Verwandte und deren Dienstboten ein und aus. Zwischen ausgedehnten Fuchsjagden und geselligem Kartenspiel

EXTRAVAGANZ UND GRÖSSE

NEWBRIDGE HOUSE

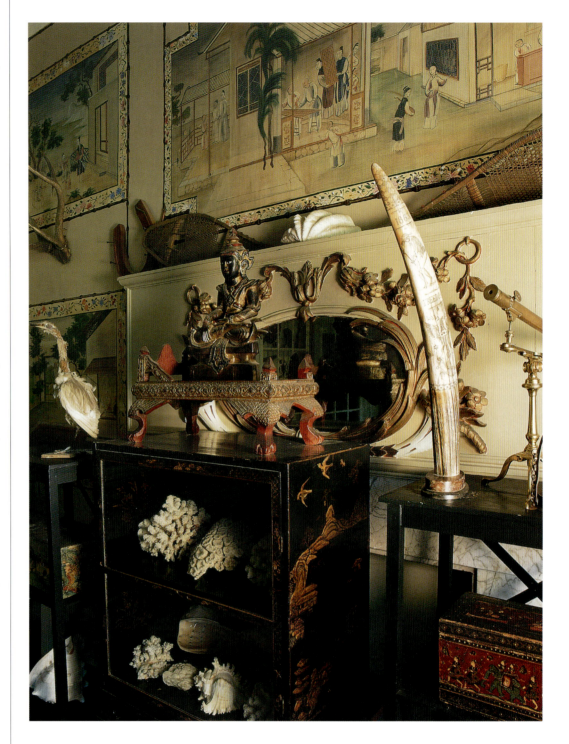

Rechts: *Muscheln, Fischereiutensilien und Hunderte von Trophäen sind im Kuriositätenmuseum von Newbridge House ausgestellt. Obwohl Familienmuseen im 18. Jahrhundert keine Seltenheit waren, gehört diese Sammlung zu den wenigen heute noch erhaltenen.*

Ganz rechts: *Blick vom Vestibül aus in den Empfangsraum. An der Wand hängt ein Porträt von weiblichen Familienmitgliedern der Powerscourts. Lord Powerscourt war der Pate eines der Kinder von »Old Tommie« und Lady Betty. Auf einem irisch-georgianischen Frühstückstisch steht eine Marmorstatue mit Ringkämpfern.*

floß der Alkohol in großen Mengen. Als begeisterte Amateurärztin kurierte Lady Betty die Unpäßlichkeiten ihrer Gäste nach ihrer eigenen Rezeptur, die auf sechs Gallonen Brandy (etwa 28 l) basierte.

Die folgenden Generationen der Cobbes führten ein weniger extravagantes und möglicherweise noch frommeres Leben als ihr kirchlicher Vorfahr. In den 1830er Jahren verkaufte Thomas' Enkel Charles zwei Landschaftsgemälde von Hobbema und Poussin und erwarb dafür auf einem Grundstück in den Dubliner Bergen achtzig Cottages, die er verpachtete. Sie wurden als die sogenannten Hobbema-Cottages bekannt. Neben einer nahezu vollständigen Sammlung von Rechnungen und Bestandsaufnahmen aus zwei Jahrhunderten blieb auch Charles Cobbes Tagebuch erhalten, in dem er bemerkte, daß der Hobbema in seiner vormals dunklen Ecke gar nicht richtig zur Geltung gekommen sei. Und für christliche Augen seien die warmen, trockenen Steincottages seiner Pächter ohnehin viel erfreulicher anzusehen.

EXTRAVAGANZ UND GRÖSSE

NEWBRIDGE HOUSE

RECHTS: *Der rote Salon wurde um 1760 eingerichtet. Die Rokokodecke komplettiert eine trefflich aufeinander abgestimmte Einheit aus Teppich, Tapeten und Vorhängen aus dem 19. Jahrhundert, wie sie heute nur noch selten zu finden ist.*

OBEN: *Eine viktorianische Büste auf einem spätgeorgianischen, adlerförmigen Konsoltischchen mit Marmorplatte im roten Salon. Der Tisch, zu dem noch ein zweiter gehört, wurde von irischen Handwerkern gefertigt.*

GANZ RECHTS: *Das Gemälde über dem Tisch ist eine Nachahmung von Bernardo Strozzis Original* Die Musiker, *das im Hampton Court Palace in der Nähe von London hängt. Die Möbel im roten Salon wurden überwiegend von Dubliner Handwerksbetrieben geliefert, z. B. von Mack, William & Gibton, von denen auch die Vorhänge stammen.*

In ihren Memoiren über das anglo-irische Leben vor der Großen Hungersnot (1845–1849) beschrieb die Gattin von Charles, Frances Cobbe, die beklemmende Atmosphäre des »hochherzigen« christlichen Paternalismus, der zu ihrer Zeit in Newbridge vorherrschte. Vorbeikommende Pächter erhielten zwar Fleisch und Bier, mußten jedoch im Freien speisen. »Bei Geburten, Hochzeiten, Krankheiten und Sterbefällen, sogar bei Auswanderungen nach Amerika wurden Abordnungen mit der Bitte um Unterstützung nach Newbridge geschickt.« Bei einem Trauerfall erhielten die Hinterbliebenen Marmelade. Für Frances blieb »der Zusammenhang zwischen dem Sterben und dem Wunsch nach Himbeermarmelade stets ein Rätsel«. Im Haus »wurden Gebete und Mahlzeiten durch Uhren- und Glockenschläge angekündigt«. Solche Neuerungen verwarf Charles allerdings als »schauderhafte und verwerfliche Praktiken des Nachmittagtees«.

Wie in anderen anglo-irischen Familien verringerte sich der Wohlstand der Cobbes nach der Großen Hungersnot drastisch. Frances erinnerte sich an jenen Tag im Juli 1845, als die Kraut- und Knollenfäule Newbridge erreichte. »Als wir an einem herrlichen, in voller Blüte stehenden Kartoffelacker vorbeifuhren, drang der Duft durch die offenen Fenster der Kutsche, und wir unterhielten uns über die ausgezeichnete Ernte, die uns bevorstand. Auf dem Rückweg drei oder vier Stunden später kam vom selben Feld ein fürchterlicher Gestank. Und am nächsten Morgen schrie ganz Irland ach und weh.«

Als die Familie Cobbes 1985 endgültig den Verkauf beschloß, erwarb der Dubliner Grafschaftsrat Newbridge, nachdem man übereingekommen war, daß die Familie als Gegenleistung für die Übergabe des Mobiliars als permanente Leihgabe weiterhin einen Teil des Hauses bewohnen darf.

EXTRAVAGANZ UND GRÖSSE

DREI HÄUSER IN DUBLIN

LINKS: *Das Haus Henrietta Street Nr. 7 wurde 1733 von dem Architekten Nathaniel Clements erbaut, der dort bis zu seinem Tod im Jahre 1777 wohnte. In dem schönen klassizistischen Treppenhaus befindet sich ein Innenfenster, von dem aus seine Gattin, »die feinste aller feinen englischen Damen« – so Mrs. Delany (eine Engländerin, die mehr als zwanzig Jahre in Irland lebte) –, Besucher in Augenschein nehmen konnte, ohne selbst gesehen zu werden.*

LINKS: *Eine der klassizistischen Gipsfigurinen mit einer Umrandung aus Maiskörnern im Speisezimmer von North Great Georges Street Nr. 50. Ursprünglich gab es acht solcher Medaillons, die nach Vorlage eines Buches aus dem 18. Jahrhundert über Gravierkunst und klassische Gemmen vermutlich um 1790, ein paar Jahre nach Fertigstellung der maßgeblichen Rokoko-Stuckarbeiten, angefertigt worden waren.*

Einem amerikanischen Touristen zufolge, der Anfang des 19. Jahrhunderts nach Dublin kam, wies die Stadt »einen in Europa einzigartigen Gegensatz zwischen Armut und Gepränge« auf. Während am Stadtrand armselige Hütten dominierten, vor deren verschmierten Wänden halbnackte, in schmuddelige Fetzen gekleidete Kinder kauerten, wähnte er sich im Zentrum »in einer der elegantesten Städte Europas … Kein Londoner Stadtteil kann sich in bezug auf diese Pracht mit Dublins Zentrum vergleichen«.

Ebenso wie mit den pompösen Palladio-Fassaden der großen Landhäuser wollte man im 18. Jahrhundert mit dem Bau der Stadt, die mittlerweile weit über die Grenzen des von den Wikingern im 10. Jahrhundert begründeten alten Dublins hinausging, vor allem eines: beeindrucken. Die eleganten, groß angelegten Straßen und Plätze im Zentrum Dublins gehen auf die Gründung der Wide Street Commission im Jahre 1757 zurück, einem Ausschuß, der den Bau breiter Straßen vorantrieb. Doch eine großzügige Bauweise pflegte man schon mehrere Jahrhunderte zuvor im Nordteil der Stadt: Wenn ein Grundstück groß genug war, wurden durchaus zwei oder drei Gebäude errichtet – eines für den Eigenbedarf, die anderen zum Vermieten. Besucher aus England, insbesondere solche aus London, waren erstaunt über die Großzügigkeit dieser Stadt, die sie für provinziell gehalten hatten. Der überwiegende Teil der Bausubstanz von Dublin, oftmals als »zweite Stadt Europas« bezeichnet, blieb mehr oder weniger unversehrt bis in die 1960er Jahre erhalten. Dann allerdings wurden auf Geheiß der irischen Regierungen viele Gebäude abgerissen, die in Dublins schönen georgianischen Straßen nach wie vor ein Symbol für die englische Kolonialherrschaft sahen.

EXTRAVAGANZ UND GRÖSSE

DREI HÄUSER IN DUBLIN

RECHTS: *Der an den Salon angrenzende Vorraum in der Henrietta Street Nr. 12. Das Haus wurde 1730 nach einem Entwurf von Sir Edward Lovett Pearce gebaut und gehört heute Ian Lumley. Auf dem Regency-Konsoltisch steht eine Büste von William Pitt, dem Jüngeren.*

OBEN: *Die farbigen Wandunterteilungen im Salon wurden ausgeführt, als man das Gebäude 1887 in ein Mietshaus umwandelte.*

EXTRAVAGANZ UND GRÖSSE

DREI HÄUSER IN DUBLIN

OBEN: *Eine andere Ansicht des Vorraums in der Henrietta Street Nr. 12. Die Spuren an der Wand zeigen, wo Anfang des 19. Jahrhunderts die Treppe verlief.*

RECHTS: *Detailansicht im Speisezimmer von North Great Georges Street Nr. 50. Von einem Kranz aus Lorbeerblättern umgebener Wandschmuck über einem Sideboard mit modernen Yildiz-Porzellanschalen aus der Türkei.*

GANZ RECHTS: *Über dem hölzernen Kaminsims im Salon der North Great Georges Street Nr. 50 hängt das Porträt eines französischen Richters aus dem frühen 19. Jahrhundert. Das Haus wird seit 1989, als es Nabil Saidi erwarb, sorgfältig restauriert. Im 20. Jahrhundert war es meistens vermietet.*

Die prächtigste Straße in Nord-Dublin war die Henrietta Street, die vermutlich nach der Gräfin von Grafton benannt worden ist. Ihr Erbauer Luke Gardiner war ein so erfolgreicher Bankier und Spekulant, daß seinen Nachkommen Mitte des 19. Jahrhunderts nach wie vor ein Großteil des nördlichen Stadtgebietes gehörte. Noch lange nachdem die bessere Gesellschaft sich anderen Vierteln zuzuwenden begonnen hatte, gereichte die Liste der prominenten Anwohner der Henrietta Street und der nahe gelegenen North Great Georges Street zur Ehre: So wohnten 1762 in der Henrietta Street ein Erzbischof, zwei Bischöfe, vier Peers (Angehörige des hohen Adels) sowie vier Parlamentarier. Nachdem jedoch das irische Parlament 1801 infolge des Unionsgesetzes aufgelöst worden war, sank das Ansehen von Dublins Norden. Fortan bevorzugte die viktorianische Elite der Stadt die grünen Wohngebiete in der Nähe von Merrion Square und St. Stephen's Green südlich des Liffey. Seine schwierigste Zeit durchlitt der Norden Mitte des 20. Jahrhunderts, als viele der großartigen Häuser völlig heruntergekommen waren. Inzwischen werden einzelne Gebäude restauriert.

2. ROMANTISCHE

ELEGANZ

ROMANTISCHE ELEGANZ

LEIXLIP CASTLE

LINKS: *Der obere Flur mit einer zweispännigen Kutsche. Das Haupttreppenhaus mit Flur kam um 1720 hinzu, als ein Teil des Hofes überbaut wurde. Die Täfelung in Zimmern und Dielen verdeckt die verbliebenen rauhen Spuren des Mittelalters und verleiht dem Schloß seine heutige kultivierte und behagliche Atmosphäre.*

LINKS: *Leixlip Castle wurde in den 1170er Jahren von den Normannen als viereckiger, wehrhafter Bau errichtet. Die Familie Conolly von Castletown (S. 17) verlieh dem Schloß Anfang des 18. Jahrhunderts ein zeitgemäßes neugotisches Aussehen durch spitzbogige Glasfenster mit Fenstersprossen in rautenförmiger Anordnung. Hätte sich die Wandstärke nicht als so problematisch erwiesen, wären vielleicht noch weitere Fenster hinzugefügt worden.*

In einem Land, in dem alte Schlösser weitestgehend zu Ruinen verfallen sind, stellt Leixlip Castle in der Grafschaft Kildare eine beeindruckende Ausnahme dar. 1958 wurde es von Desmond Guinness, Mitglied der berühmten irischen Brauereidynastie, und seiner Frau Mariga erworben. Der Grundstock für das Familienvermögen war einst in der Ortschaft gelegt worden, als Erzbischof Price von Dublin, der 1762 starb, seinem Diener Richard Guinness und dessen Sohn Arthur nicht nur 200 Pfund vermachte, sondern gemäß alter Familientradition auch das geheime Braurezept für ein sehr dunkles Bier, das beliebte *Porter* (d.h. Dienstmannsbier, ein dunkles, obergäriges Bier), das sich am Ende als weitaus wertvoller erwies als das Geld.

Trotz seiner geerbten Geschäftsanteile fehlten Desmond Guinness weltliche Güter, um ein so imposantes Gebäude wie Leixlip einzurichten: »Als zweites von elf Kindern besaß ich keinerlei eigene Möbel oder Bilder.« Mit seiner Frau durchkämmte er Galerien und Auktionshäuser auf der Suche nach Gemälden und Mobiliar irischer Herkunft. »Bei diesen Versteigerungen ging es sehr spannend zu!« erinnert er sich. »Ringsum wurden ganze Landhäuser ausgeräumt und selbst große Stücke für einen Spottpreis abgegeben.« Bei einem Räumungsverkauf in Dublin zahlte er 25 Shilling für einen scheinbar noch ganz annehmbaren Küchentisch. Nach einer gründlichen Reinigung kam ein schöner irischer Mahagonitisch mit grotesken Masken und einer schwarzen Marmorplatte zum Vorschein – ein seltener georgianischer Fund.

Anders als die irische Regierung und Öffentlichkeit setzte sich die Familie Guinness als Mitbegründer der 1958 wieder ins Leben gerufenen Irisch-Georgianischen Gesellschaft engagiert für den Erhalt des herrlichen Nachlasses aus dem 18. Jahrhundert ein. Großen Herrenhäusern wie

ROMANTISCHE ELEGANZ

LEIXLIP CASTLE

Rechts oben: *Über dem Frisiertisch im blauen Schlafzimmer hängt ein Spiegel von Booker of Dublin.*
Rechts unten: *Das Muschelschlafzimmer, in dem bogenförmige Kopfteile die Form der gotischen Fenster widerspiegeln.*
Unten: *Über dem Kamin im blauen Schlafzimmer hängt ein Porträt des irischen Malers Nathaniel Hone.*

Castletown (S. 17) und Teilen des georgianischen Dublin, z. B. Mountjoy Square, drohte bereits die Zerstörung durch Städteplaner und deren Gehilfen. So manches Landhaus wurde allein wegen des Bleis im Dach abgerissen. Anders als in England und Nordirland, wo der *National Trust* über den Erhalt des architektonischen Erbes des Landes wachte, verfügte die irische Regierung nur über begrenzte Mittel für den Denkmalschutz. Da Verbitterung und Argwohn gegenüber politischer Bevormundung und Fremdherrschaft auch lange nach der politischen Unabhängigkeit des Südens noch verbreitet waren, setzten die Politiker vorhandene Mittel eher für die Restaurierung von Rundtürmen und ehemaligen Abteien ein als für die Erhaltung von Grundbesitz und Immobilien der einstmals herrschenden Klasse.

Mit dem Paradestück Leixlip Castle begründete die Familie Guinness einen neuen Stil irischer Landhäuser. Während die Innenausstattung auf beiden Seiten der Irischen See in den 1950er Jahren noch von Chintz, Pastelltönen und verspielten Quasten geprägt war, entwickelte sich nun ein ganz neuer, typisch irischer Stil. Mit auffälligen Schnitzereien verzierte irische Möbel aus dem 18. Jahrhundert kontrastierten mit kräftigen und doch dezenten Farben. »Es handelte sich um einen sehr architekturbezogenen Stil, der die Strukturen der Räumlichkeiten würdigte. Fenster blieben ohne Vorhänge, Schichten abblätternder Farbe blieben unbehandelt, Möbel wurden nicht restauriert«, schreibt der Kunsthistoriker Paul Caffrey. »Diese neue Ästhetik eines informellen, nicht

ROMANTISCHE ELEGANZ

LEIXLIP CASTLE

GANZ LINKS: *Das Puppenhaus im Salon war ursprünglich für Newbridge House (S. 29) angefertigt worden.*
LINKS: *Der vergoldete Stuckfries in der Bibliothek und die auf die Wände geklebten Reliefgravuren stammen aus dem 18. Jahrhundert. Das Porträt zeigt Desmond Guinness' Mutter, Diana Mitford.*
UNTEN: *Das Treppenhaus wurde um 1720 errichtet.*

ROMANTISCHE ELEGANZ

LEIXLIP CASTLE

RECHTS: *In der Fensternische des King-John-Zimmers steht eine viktorianische Kupferbadewanne. In diesem Zimmer soll der normannische König einst übernachtet haben. Das Himmelbett stammt aus Stowe House in England. Die Tagesdecke ist mit Kleeblättern und dem Wahlspruch* Erin go bragh *(»Irland für immer!«) bestickt.*

GANZ RECHTS: *Die Vorhalle ist mit weißen Steinplatten und Terrakottafliesen ausgelegt. Der Kamin (1740) aus schwarzem Kilkenny-Marmor stammt aus Ardgillan Castle in der Grafschaft Dublin, das viergeteilte Wappen ursprünglich vom Grabmal der Familie Gorges in der Grafschaft Meath.*

restaurierten und doch großartigen Interieurs paßte gut zu den seit Generationen vernachlässigten irischen Häusern.« Mariga Guinness, die 1990 verstarb, besaß ein beeindruckendes Gespür für Farben und Stoffe. Nach Meinung des Designers David Mlinaric, der Leixlip Castle regelmäßig besuchte, zeigte sie, »was mit viel Feingefühl und wenig Geld alles möglich ist. Mit etwas Seidenstoff, ein paar Straußenfedern und ein wenig Farbe wußte sie ein ganzes Zimmer einzurichten.«

Erbaut wurde Leixlip Castle 1170 durch Adam de Hereford, einen der normannischen Ritter, die im Auftrag von Heinrich II. in Irland eindrangen; 800 Jahre lang blieb das Schloß fast ununterbrochen bewohnt. Seine Lage auf einem Felsen zwischen dem Liffey und dem Rye Water, einem der Nebenflüsse des Liffey, etwa 32 km von Dublin entfernt, war günstig. Aufgrund der Nähe zum Hauptsitz der englischen Macht in Dublin blieb Leixlip Castle von Verwüstungen weitestgehend verschont, die weiter entfernt gelegene Schlösser während der von Eroberungen und Aufständen, Hungersnöten und Bürgerkriegen geprägten Jahrhunderte zu erleiden hatten.

ROMANTISCHE ELEGANZ

BERKELEY FOREST

Links: *Der bemalte Holzfußboden im Gästezimmer zeugt von der skandinavischen Herkunft des Besitzers von Berkeley Forest. Im Heimatland des gebürtigen Dänen sind solche Böden im Karomuster üblich. Das Smaragdgrün der Wände findet sich in den Kronen und keltischen Motiven, mit denen die Bettdecke bedruckt ist, wieder.*

Links: *Das ockerfarben gestrichene Haus mit seinen schlichten georgianischen Fenstern und dem einfachen dorischen Portikus stellt ein typisches irisches Landhaus mittlerer Größe dar. Im Park hält Gunnar Bernstorff eine Herde von Suffolk-Cross-Schafen. Von dem am Hang gelegenen herrlichen Garten auf der Rückseite des Hauses haben die Bernstorffs einen phantastischen Blick auf die Blackstairs-Berge.*

In seinem Buch *The Querist* stellt George Berkeley (1685–1753), Philosoph und Bischof der Kirche von Irland, Überlegungen an, ob »es in Europa noch eine andere Gesellschaftsschicht gibt, die bei vergleichbarem Einkommen derart spärlich mit Häusern und Mobiliar ausgestattet ist« wie die anglo-irische Gentry. Wirtschaftliche Einbußen als Folge des Krieges gegen Wilhelm von Oranien, ein Mangel an fachkundigen Baumeistern und Handwerkern und die hohen Transportkosten für Importgüter trugen dazu bei, daß das Leben in Irland weit weniger luxuriös war als in England. Irische Romane, wie die von Maria Edgeworth oder Molly Keane, bieten zahlreiche Beispiele für das Arme-Verwandte-Syndrom und die oft verzweifelten Versuche der Anglo-Iren, den wirklichen oder eingebildeten Kränkungen seitens der wohlhabenderen englischen Verwandtschaft durch Wahrung des äußeren Scheins zu begegnen. Eitle Angebereien mit Titeln, Herkunft und guten Beziehungen waren in Irland noch verbreitet, als solchen Etiketten jenseits der Irischen See schon längst keine gesellschaftliche Bedeutung mehr beigemessen wurde.

Unter den heute noch erhaltenen kleineren Landhäusern im georgianischen Stil gehört Berkeley Forest zu den reizvollsten; es verkörpert geradezu jene anglo-irische Tendenz, sich mit großen Namen zu schmücken. Seine Verbindung zu der Familie der Berkeleys und ihrem berühmtesten Sohn, George Berkeley, scheint aber eher vager Natur zu sein. Zu dem heutigen, aus dem späten 18. Jahrhundert stammenden Haus gehört noch ein kleinerer Wohnsitz, der um 1690 auf einem wunderschönen Gelände in der sanften Hügellandschaft bei New Ross in der Grafschaft Wexford mit Blick auf die fernen Blackstairs-Berge erbaut wurde. Colonel Joseph Deane, der das Anwesen

ROMANTISCHE ELEGANZ

BERKELEY FOREST

RECHTS: *Die viktorianische Pferdekutsche aus Korbgeflecht und der alte Kinderwagen, angefertigt von einem ortsansässigen Wagner, nehmen in der Sammlung antiker Spielsachen im alten Eßzimmer einen Ehrenplatz ein.*
UNTEN: *Im oberen Saal stehen Figuren mit Krinolinen und Turnüren neben solchen in zeitgenössischen Kostümen aus dem 18. Jahrhundert.*

instandsetzte, hatte das Grundstück von seinem Cousin, Colonel Berkeley, geerbt. Dieser wiederum war mit dem berühmten Philosophen und Bischof weitläufig verwandt. Mit dem Haus wollte Deane nicht nur seine familiären Verbindungen, sondern auch seine neue, ehrwürdige Stellung als Mitglied des irischen Parlaments unterstreichen. (Trotz seiner Genialität war ein solcher Snobismus übrigens auch George Berkeley keineswegs fremd: So rühmte er sich seiner entfernten Verbindung zu den großen Grafen von Berkeley in England.)

Wie viele irische Landhäuser verlor auch Berkeley Forest mit der Zeit zunehmend an Wert, ein Großteil des ursprünglichen Mobiliars verschwand, und die häufigen Vermietungen hinterließen ihre Spuren. Vor dreißig Jahren retteten der gebürtige Däne Graf Gunnar Bernstorff und seine Frau, die irische Designerin Anne Griffin, Berkeley Forest vor dem Verfall. Sie verliehen dem Bauwerk ein helles, schlichtes und stark skandinavisch geprägtes Aussehen. Statt der für irische Landhäuser dieser Größe üblichen türkischen Teppiche, Mahagoni-Sideboards und Himmelbetten findet man hier bemalte Holzfußböden und Betten mit modernen bunten Steppdecken. Kernstück ist das der Öffentlichkeit zugängliche kleine Familienmuseum mit einer einzigartigen Sammlung antiker Puppen, Spielsachen und typischer Kostüme aus dem 18. Jahrhundert. Da die Menschen damals weitaus kleiner waren, mußte Anne Bernstorff entsprechend kleinere Modellpuppen anfertigen.

ROMANTISCHE ELEGANZ

BANTRY HOUSE

OBEN: *Über der Bantry-Bucht im Westen von Cork, gegenüber den Caha-Bergen auf der Halbinsel Beara, nimmt Bantry House eine dominierende Position ein. Der Wohlstand seiner Besitzer vermehrte sich nach dem fehlgeschlagenen Versuch einer französischen Invasion im Jahre 1796.*
LINKS: *Die mehr als 18 m lange Bibliothek mit ihren prächtigen Marmorsäulen verbindet die beiden Flügel von Bantry House. Sie wurde in den 1850er Jahren vom zweiten Grafen von Bantry angebaut.*

Wenn es ein Anwesen gibt, das die Eigentümlichkeit anglo-irischer Landhäuser verkörpert – sowohl die ruhmreiche Vergangenheit als auch die durch Verfall und Neuaufbau geprägte Gegenwart –, dann ist es Bantry House in der Grafschaft Cork. Mit seinem verblassenden Anschein luxuriöser Opulenz, seiner einzigartigen Lage in der Bantry-Bucht und der engen Verknüpfung des Schicksals seiner Besitzer mit dem der Nation vereint es den Geist der Geschichte so mühelos in sich wie die Musen, die seinen Rasen zieren.

Der derzeitige Besitzer, Egerton Shelswell-White, erbte Bantry 1978 von seiner Mutter Clodagh, einer Nachfahrin des Grafen von Bantry. Er sah sich wie schon seine Mutter mit der ausgesprochen schwierigen Aufgabe konfrontiert, die beiden baufälligen Flügel des Gebäudes zu sanieren. Hausschwamm, Feuchtigkeit und das immens schwere Blei auf dem Dach hatten mit der Zeit die Stabilität der Wände entscheidend beeinträchtigt. Seine Mutter hatte das umliegende Land ver-

ROMANTISCHE ELEGANZ

BANTRY HOUSE

OBEN: *Spanischer Messing- und Bronzezierat auf einem massiven, vergoldeten Sideboard, das speziell für das Speisezimmer angefertigt wurde.*

LINKS: *Das Speisezimmer, in dem die Gäste früher unter dem majestätischen Blick von König George III. und Königin Charlotte unterhalten wurden. Das Stilleben über dem Kamin wird dem flämischen Maler Frans Snijders (17. Jahrhundert) zugeschrieben.*

Oben: *Marmorbüsten von Familienmitgliedern der Whites flankieren den Zutritt zur Eingangshalle. Über dem Sims ist ein niederländischer Kaminaufbau aus dem 19. Jahrhundert angebracht.*

Rechts: *An den mit original viktorianischen Tapeten geschmückten Wänden im Vorzimmer hängen Kupferstiche mit Motiven aus dem antiken Rom von Giovanni Battista Piranesi. Die Eichenstühle stammen aus heimischer Fertigung. Der Kaminsims aus dem 19. Jahrhundert wurde von der viktorianischen Malerin Angelica Kauffmann entworfen.*

ROMANTISCHE ELEGANZ

BANTRY HOUSE

OBEN: *Detailansicht der Eingangshalle. Das Porträt zeigt Egerton Shelswell-Whites Urgroßmutter Lady Elizabeth White, die Tochter des dritten Grafen von Bantry.*

OBEN LINKS: *Der mit schwarzen und weißen Fliesen gemusterte Fußboden des Empfangsraums, in der sich zahlreiche Reisetruhen und Schränke befinden, ist Teil des ursprünglichen Hauses aus dem 18. Jahrhundert.*

kauft und den Erlös für Reparaturen verwendet. Mit Hilfe seiner Frau Brigitte und seiner sechs Kinder ist Egerton nun dabei, das Vorhaben seiner Mutter zu vollenden.

Der begeisterte Baßposaunist und Mitbegründer der Bantry Band setzt seinen ganzen Ehrgeiz in die Restaurierung. In den Flügeln sind mittlerweile komfortable *bed-and-breakfast*-Fremdenzimmer eingerichtet. Die jährliche Besucherzahl des gesamten Anwesens grenzt an 50 000.

Bantry House – damals noch Blackrock genannt – wurde um 1710 von der Familie Hutchinson erbaut und ein Jahrzehnt später von Ratsmitglied Richard White erworben, dessen Familie seit dem 17. Jahrhundert in dieser Region ansässig war. Infolge seines steigenden Wohlstands konnte er mit der Zeit einen Großteil der umliegenden Ländereien aufkaufen. Mit einer Mischung aus Glück und Wagemut verhalf sein gleichnamiger Enkel der Familie Jahre später zu einem spektakulären Erfolg: Im Dezember 1796 legte ein aus 16 000 Soldaten bestehendes Heer unter dem Kommando des französischen Generals Hoche mit 43 Schiffen von der französischen Küste ab. An Bord befand sich ein protestantischer Anwalt aus Dublin namens Wolfe Tone, der die Franzosen zu einem Angriff auf Irland bewegt hatte. Tone gedachte im Zuge des Einmarschs eine irische Rebellion anzuzetteln und die monarchistische Regierung mit Hilfe der französischen Republik zu stürzen. Zuvor hatte er heimlich eine revolutionäre Bruderschaft gegründet, die *United Irishmen*, die helfen sollten, den Aufstand anzuführen. Doch der Plan schlug fehl. Heftige Stürme zwangen die meisten Schiffe umzukehren, nur 16 von ihnen und insgesamt 6000 Mann erreichten die Bantry-Bucht. Weder Tone noch Hoche waren dabei. Richard White rief Hilfe aus Cork herbei, woraufhin 400 *redcoats* (britische Soldaten) eintrafen. Man schickte einen Ortsansässigen

ROMANTISCHE ELEGANZ

BANTRY HOUSE

RECHTS: *In einem aufwendig gearbeiteten und vergoldeten Spiegel an der Haupttreppe ist ein aus dem 19. Jahrhundert stammendes Porträt von Gladys Herbert, einer Cousine der Whites, zu erkennen. Das junge Mädchen starb kurz nach der Entstehung des Bildes. Der erste und zweite Treppenlauf stammen noch aus dem ursprünglichen Haus. Die oberen wurden im Zuge der Umbauarbeiten im 19. Jahrhundert hinzugefügt.*

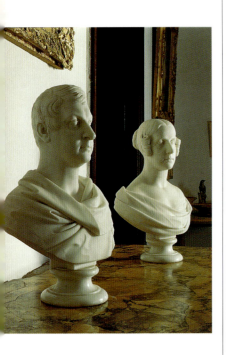

OBEN: *In Bantrys Eingangshalle stehen Marmorbüsten des zweiten Grafen von Bantry und seiner Frau, Mary O'Brien, Nachfahrin des letzten Königs von Irland, Brian Boru. Die Büsten wurden von dem irischen Bildhauer Richard Hogan um 1830 geschaffen.*

mit Lebensmitteln zu einem der Schiffe, und als dieser von den Franzosen nach der Truppenanzahl an Land gefragt wurde, gab er »20000« zur Antwort und erwähnte eine britische Flotte, die sich hinterm Kap befinde. Daraufhin machten sich die führerlosen, seekranken und vollkommen demoralisierten Möchtegern-Eindringlinge wieder auf den Rückweg.

Für seine Geistesgegenwart wurde Richard White ein Adelstitel verliehen. Als Baron Bantry heiratete er in die Aristokratie ein und wurde 1816 schließlich in den Grafenstand erhoben. Sein Sohn, Viscount Berehaven, schickte von einer großen Europareise ganze Schiffsladungen mit Möbeln nach Hause. Obwohl der Hauptbau 1820 an der Nordseite zum Meer hin um einen weiteren Gebäudekomplex mit zwei Salons und mehreren Schlafräumen erweitert wurde, erwies er sich für das gesamte Mobiliar als zu klein. 1845 fügte Viscount Berehaven zwei weitere Flügel an der Südseite hinzu, pflanzte Bäume und legte Terrassen an. Sein einheitliches Erscheinungsbild erhielt das über mindestens vier verschiedene Epochen erbaute Haus durch eine

ringsum an das Dach angrenzende Steinbalustrade, die mächtigen Pilaster sowie die Ziegelsteineinfassungen an den Fenstern, die die Fassade optisch beleben und einen angenehmen Kontrast zu den grauen Steinwänden darstellen.

Als der vierte und letzte Graf von Bantry 1891 ohne männliche Nachkommen starb, erlosch der Adelstitel. Das Anwesen gelangte über mehrere weibliche Erben zu seinem jetzigen Besitzer. Während des irischen Bürgerkriegs brannte das einzige Krankenhaus in Bantry nieder, was die Familie dazu veranlaßte, ihr Heim als Pflegestation zur Verfügung zu stellen. Im Zweiten Weltkrieg wurde die irische Armee auf dem Anwesen einquartiert – selbst für das neutrale Irland war Bantry von strategischer Bedeutung. Als Bantry 1946 als erstes herrschaftliches Anwesen der Republik Irland seine Türen der Allgemeinheit öffnete, kehrte die Geschichte an ihren Ausgangspunkt zurück: Ein prächtiges Bauwerk, errichtet auf den zerstörten Hoffnungen der *United Irishmen*, blieb zum Nutzen der gesamten irischen Bevölkerung erhalten.

OBEN: *Im Empfangsraum steht ein Reiseschrein aus dem 19. Jahrhundert mit Ikonen aus dem 15. und 16. Jahrhundert, den der zweite Graf aus Rußland mitbrachte. Solche Schreine wurden mitgeführt, wenn die Familie von ihrer Stadtresidenz aufs Land zog.*

ROMANTISCHE ELEGANZ

CASTLE LESLIE

OBEN: *Das irische Familienvermögen wurde von Sir John Leslie im 17. Jahrhundert gegründet. Ursprünglich gehörten zu dem Anwesen 12 000 ha Land, doch infolge der Wyndham Land Acts wurde das Terrain 1903 neu aufgeteilt und verpachtet. Heute gehören zu Castle Leslie nur noch von Grundstücksmauern umfriedete 400 ha Land.*
LINKS: *Unter dem Porträt einer spanischen Infantin an der Stirnseite im Salon steht ein getäfelter Thron.*

Castle Leslie bei Glaslough in der Grafschaft Monaghan ist vielleicht das letzte große Anwesen in Irland, das vor allem den angenehmen Seiten des Lebens dienen sollte. Es erscheint daher durchaus angemessen, daß es als Landhaushotel diese Funktion heute wieder ausübt. Castle Leslie wurde um 1870 für den Parlamentarier und ersten Baronet Sir John Leslie erbaut, dessen Familie seit Mitte des 17. Jahrhunderts auf dem Anwesen lebte. Inspiriert durch seine Reisen, hatte Sir John für sich und seine junge Frau eine italienisch anmutende Villa mit Blick auf den See geplant. Fatalerweise verreiste er während der Bauarbeiten und mußte nach seiner Rückkehr entsetzt feststellen, daß seine Architekten aus Ulster ihm ein verdrießlich aussehendes graues Steinhaus im schottischen Feudalstil errichtet hatten. Sein eigentliches Vorhaben spiegelt sich jedoch in einem Renaissanceanbau wider, der in Anlehnung an den von Michelangelo geschaffenen Kreuzgang in der Kirche Santa Maria degli Angeli in Rom errichtet wurde. Im Inneren des Haupthauses herrscht eine warme Renaissanceatmosphäre – ein wohltuender Kontrast zur optischen Kälte der Giebelfassade.

LINKS: *Zu jedem der 14 Schlafzimmer gehört ein eigenes Badezimmer, von Sir John (Jack) Leslies Nichte gestaltet. Die Initialen »J« und »C« auf dem Kaminsims stehen für John und Constance, den ersten Baronet und seine Frau.*

UNTEN: *Das blaue Schlafzimmer. Das Porträt zeigt Sir Shanes Schwägerin, Ann Cochrane, die Gattin des irisch-amerikanischen Kongreßabgeordneten Bourke Cochrane. Er soll Winston Churchill in der Kunst des Redens unterwiesen haben.*

ROMANTISCHE ELEGANZ

CASTLE LESLIE

LINKS: *Das Badezimmer des Kinderzimmers befindet sich in einem überdimensionalen Puppenhaus. Laut Sir Johns Neffen Tarka war das einstige Schulzimmer der Leslie-Kinder »der emotionale Mittelpunkt« des Hauses. Das ursprüngliche Puppenhaus, das sich mittlerweile in England befindet, hatte Samantha zu dieser ungewöhnlichen Idee inspiriert.*

OBEN: *Das malvenfarbene Schlafzimmer, eines der vielen Fremdenzimmer in Castle Leslie. Auf dem Kaminsims steht eine Uhr im Louis-seize-Stil, dahinter ein irischer Chippendale-Spiegel aus dem späten 18. Jahrhundert. Die Stiche links und rechts des Kamins stammen aus Frankreich, ebenfalls aus dem 18. Jahrhundert.*

Sir Johns künstlerisches Talent zeigt sich in zahlreichen Fresken, die er im Anbau aufbrachte. Während seines Dienstes bei den *Life Guards*, einem Regiment der Gardekavallerie, stellte er im gleichen Jahr, als er das *Grand Military Steeplechase* gewann, auch ein Gemälde in der Royal Academy of Arts aus. Seine Blütezeit erlebte Castle Leslie indes erst unter seinem Sohn.

Der zweite Baronet – auch ein Sir John – heiratete Leonie, eine der drei Töchter von Leonard Jerome aus New York, deren Schwester Jennie Lord Randolph Churchill ehelichte. Im 19. Jahrhundert verkehrte im Haus vornehmste Gesellschaft, z.B. Königin Margaret von Schweden, der Herzog von Connaught (Königin Viktorias jüngster Sohn) und Graf Pierre de Polignac (der Vater von Fürst Rainier von Monaco); auch der junge Winston Churchill besuchte hin und wieder seinen Onkel und seine Tante. Es ist also nicht weiter verwunderlich, daß es die Besitzer von Castle Leslie waren, die sich rühmen konnten, Irlands ersten Gasofen und das erste Bad mit Wasseranschluß zu besitzen. Ein riesiger Heißwasserbereiter beheizte die Empfangssäle,

und mit einem handbetriebenen Aufzug konnte das Gepäck der Gäste nach oben befördert werden.

Die Leslies sind bekannt für ihre leichte Exzentrik und ihre literarischen Neigungen. Anfang des 18. Jahrhunderts schrieb der anglo-irische Satiriker Jonathan Swift, ein regelmäßiger Besucher von Castle Leslie, in Glaslough stünden »reihenweise Bücher, die die Leslies alle über sich selbst geschrieben haben«. Diese Tradition ist bis heute erhalten geblieben. Der dritte Baronet, Sir Shane Leslie, war für seine Gespenstergeschichten bekannt, machte sich jedoch auch als Dichter einen Namen und war (anders als sein Vater) leidenschaftlicher irischer Nationalist, der zum Katholizismus übertrat. Er verzichtete auf sein Erbteil und zog sich in ein Kloster zurück, um Priester zu werden. Zur Freude seiner protestantischen Familie besann er sich jedoch bald eines anderen und heiratete die Amerikanerin Marjorie Ide. 1910 kandidierte er bei den Parlamentswahlen für die Nationalisten in Londonderry und verlor mit nur 59 Stimmen gegen den Herzog

OBEN: *Im blauen Schlafzimmer steht ein Ofenschirm aus dem frühen 18. Jahrhundert vor dem Marmorkaminsims, der noch aus dem alten Haus stammt. Auf beiden Seiten eines italienischen vergoldeten Spiegels hängen runde, getönte Stiche nach Morland. Die Uhr datiert von 1830 und ist wahrscheinlich französischer Herkunft.*

ROMANTISCHE ELEGANZ

CASTLE LESLIE

LINKS: *In den Vitrinen im Salon werden zahlreiche Orden und Erinnerungsmedaillen der Leslies aufbewahrt. Dahinter hängt das vom ersten Baronet gemalte Porträt seiner Tochter Docia im Alter von 16 Jahren. Die beiden Glaskandelaber und die klassizistischen Architekturmodelle stammen aus Stratford Place, der Londoner Stadtwohnung der Leslies.*

RECHTS: *Im Salon über dem Della-Robbia-Kaminsims aus glasiertem Terrakotta hängt eine Kopie der* Flucht nach Ägypten *von Iacopo Bassano. In den schwarzen Wedgwood-Kameen läßt sich noch heute der eingravierte Preis von zehn Shilling Sixpence aus dem Jahre 1777 ablesen. Auf dem Tisch links vom Kamin stehen zwei Miniaturen von Anita und Sir John (Jack) Leslie.*

UNTEN: *Im Festsaal hängt über einem spanischen* vargueño *aus dem 16. Jahrhundert, der von Mönchen als eine Art Aktenschrank benutzt wurde, ein Gemälde aus dem 18. Jahrhundert; es zeigt Jagdszenen in der Nähe eines Habsburger Jagdschlosses.*

OBEN: *Das chinesische Schlafzimmer wurde in seinen ursprünglichen Farben renoviert. Die Fensterläden sind mit goldenen Bambusmotiven verziert, an den Wänden befindet sich ein gemalter Fries. Der grün gestrichene Schrank enthält mit roter Tapete ausgelegte Schubladen. Die Vorhänge sind aus goldenem Brokat.*

von Abercorn, seinen unionistischen Widersacher. Möglicherweise ist Castle Leslie während der Unruhen nach dem Ersten Weltkrieg nur wegen Sir Shane Leslies religiösen und politischen Überzeugungen vom Niederbrennen verschont geblieben. Da sein jüngerer Bruder 1914 gefallen war, ging das Anwesen an seinen Sohn über, John Norman (Jack) Leslie, den vierten und gegenwärtigen Baronet.

Bis vor kurzem lebte Sir John in Rom; das Schloß und die Ländereien wurden von seiner Schwester, der inzwischen verstorbenen Schriftstellerin Anita Leslie, und seinem Bruder Desmond verwaltet. In den 1950er Jahren soll Desmond Leslie eine Begegnung mit Außerirdischen gehabt haben: Eine fliegende Untertasse war angeblich auf dem See gelandet. Die Folge: Gemeinsam mit George Adamski veröffentlichte er den Bestseller *Flying Saucers Have Landed*. Zur Zeit lebt Desmond in Frankreich. Das Hotel führt seine Tochter Samantha mit ihrem Mann Ultan Bannon.

Castle Leslie hat durch die Umwandlung in ein Hotel nichts von seinem historischen Flair eingebüßt. Die Zimmer sind mit italienischen, spanischen und anderen Reiseandenken der Leslies sowie mit zahlreichen Bildern der Vorfahren ausgestattet. Die familiäre Atmosphäre in Castle Leslie wird auch dadurch geschaffen, daß Mitglieder der Familie Leslie das Anwesen regelmäßig besuchen; vor allem Sir John und sein Neffe Tarka unterhalten die Gäste gerne mit Anekdoten über ihre Ahnen.

So gründet sich das Familienmotto, »Festhalten«, beispielsweise auf Margaret Tudor, Königin von Schottland, die auf der Flucht in einen Fluß fiel und von einem vorbeigaloppierenden Leslie auf heldenhafte Weise gerettet wurde. Über Dean Charles Leslie, den »cholerischen Kleriker«, wurde seinerzeit gesagt, er sei »ein Vernunftsmensch, gegen den man mit Vernunft nur schwer ankommt«. Ein Aufenthalt in Castle Leslie ähnelt einer Geschichtsstunde, die man ebenso entspannt genießt, wie den Drink vor dem Kamin des im italienischen Stil gehaltenen Salons.

OBEN: *Das grüne Schlafzimmer des zweiten Baronets wurde seit dem Bau des Hauses nicht verändert. Auf der viktorianischen Kommode steht eine Bronzestatue von Königin Viktorias drittem Sohn, dem damals fünfjährigen Prinzen Arthur (Herzog von Connaught), der das Schwert seines Paten, des Herzogs von Wellington, hält.*

3. LIEBENSWERTES

DURCHEINANDER

LIEBENSWERTES DURCHEINANDER

DIE OLD SCHOOL

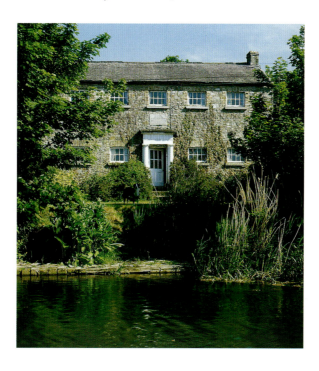

Links: *Als Phillipa Bayliss und ihr damaliger Ehemann die Old School kauften, existierte im Inneren keine Treppe. Deshalb bauten sie diese Wendeltreppe ein, die zum Klassenzimmer im ersten Stock führt. Das Porträt zeigt Phillipas Großvater; die Holzfiguren gehen auf Monteverdis Oper* Orfeo *zurück und wurden von Phillipa für eine Londoner Ausstellung angefertigt.*

Links: *Die Old School mit Blick auf den Grand Canal. An den meisten kleinen staatlichen Schulen auf dem Land befand sich eine Steintafel mit Namen und zuweilen auch dem Jahr der Errichtung des Gebäudes. Die Tafel über dem klassizistischen Vorbau zieren eine englische und eine gälische Inschrift.*

Bevor die Malerin Phillipa Bayliss die Old School 1971 mit ihrem damaligen Ehemann William Garner kaufte, hatte das Haus zwanzig Jahre lang als Lagerstätte für Heu gedient. Die alte Schule war 1949 geschlossen und durch eine neue an der Kanalbrücke ersetzt worden, die näher an der Hauptstraße lag. Das Ehepaar, das zwar drei Söhne, aber nur wenig Geld hatte, konnte die ehemalige Schule seinerzeit zu einem günstigen Preis erwerben. An der Kanalseite legte Phillipa Bayliss einen verträumten Garten mit Rosen und Rabatten voller Wildblumen an, der – ähnlich wie der von Claude Monet – zu einer ständigen Quelle der Inspiration für ihre Malerei wurde: ein kleines Giverny in der ruhigen, ländlichen Grafschaft Kildare, keine halbe Autostunde von Dublin entfernt.

Die Old School war 1810 von Lord Cloncurry erbaut worden. Wie viele Großgrundbesitzer seiner Zeit wollte er mit dem Bau der Schule signalisieren, wie sehr ihm an einer Verbesserung der Situation der einfachen Leute gelegen war. Die Schule war für die Kinder der Arbeiter bestimmt, die am Bau des Grand Canal in unmittelbarer Nähe zu Lord Cloncurrys Grundstück beteiligt gewesen waren. Der Lord ließ auf seinem nahe gelegenen Anwesen Lyons House, auf dem sich mehrere prächtige georgianische Gebäude befanden, eine private Anlegestelle errichten. Dem 1829 veröffentlichten *Lewis's Topography* zufolge besuchten neunzig Kinder die Old School. 1839 wurde sie in eine staatliche Schule umgewandelt, nachdem die antikatholische Gesetzgebung aufgehoben worden war, nach der katholische Kinder nur für bekanntermaßen minderwertige Schulen zugelassen wurden. Fortan wurde auch armen katholischen Kindern eine allgemeine Schulbildung ermöglicht.

LIEBENSWERTES DURCHEINANDER

DIE OLD SCHOOL

RECHTS: *Der Blick vom Atelier in den Garten inspiriert Phillipa Bayliss bei ihrer Arbeit.*
UNTEN UND GANZ RECHTS: *Das Bett im Schlafzimmer gehörte einst ihrer amerikanischen Urgroßmutter. Das Blumenbild an der Wand korrespondiert mit den Farben der Bettdecke.*

OBEN: *Die Farben im Wohnzimmer sollen dem grauen Licht im Winter entgegenwirken, und nicht umsonst sind die Vorhänge himmelblau. Als Vorlage für den Entwurf des handbestickten Stuhlbezugs (rechts) diente Phillipa ein Bild von Victor Vasarely. Die Verkleidungen der Deckenlampen bestehen aus Duschvorhang und künstlichen Blumen, um »die häßlichen Energiesparlampen zu verdecken«.*

Der erste Kanal Irlands wurde 1731 gebaut. Mit dem Bau des Grand Canal und des Royal Canal – beide sollten Dublin mit dem Shannon verbinden – erreichte der Kanalbau im letzten Viertel des 18. Jahrhunderts seinen Höhepunkt. Dazu der Schriftsteller Brendan Lehane: »Es erscheint absurd, daß in einem nicht gerade wohlhabenden Land gleich zwei solch gewaltige Vorhaben unternommen wurden, aber man betrieb zu Zeiten Georges III. den Kanalbau mit der gleichen Begeisterung, wie heutzutage halbbankrotte Staaten Fluggesellschaften erwerben.« Neben der Güterbeförderung hätten die Kanäle auch ein preiswertes Transportmittel für Reisende darstellen können, wären nicht Unmengen von Geld (im Falle des Grand Canal 30 000 Pfund) für den Bau von Hotels ausgegeben worden, die niemals Aussicht auf eine profitable Bewirtschaftung hatten. Seine Glanzzeit erlebte der Grand Canal in der ersten Hälfte des 19. Jahrhunderts, als man mit zahlreichen Hotels, Lagerhäusern und weiteren Kanalbauten die steigende Nachfrage zu befriedigen suchte. Doch mit dem Bau von Eisenbahnstrecken nahm die Bedeutung der Wasserstraßen ab, und schließlich richtete die Große Hungersnot die irische Wirtschaft zugrunde. Nichtsdestotrotz wurden die Kanäle bis in die späten 1950er Jahre für den Gütertransport genutzt.

Lord Cloncurry war für seine liberale Haltung bekannt. Wegen seiner fortschrittlichen politischen Ansichten und seiner Freundschaft mit einem Vertreter der *United Irishmen* (die das Ende der britischen Herrschaft in Irland zu ihrem erklärten Ziel gemacht hatten), wurde er von William Pitt, dem Jüngeren, ohne Gerichtsverfahren zwei Jahre lang im Tower von London eingesperrt. In puncto Ästhetik allerdings mißachtete er trotz seines Patriotismus irische Traditionen und gab dem Architekten Richard Morrison den Auftrag, die Kolonnaden und Flügel in Lyons

LIEBENSWERTES DURCHEINANDER

DIE OLD SCHOOL

Links: *Phillipa hat alle Möbel im ehemaligen Klassenzimmer gestrichen, so auch den Eckschrank mit den eleganten Glastüren.*
Ganz oben: *Auf dem Waterford-Ofen an der Küchenseite stehen zwei Stilleben der Malerin.*
Oben: *Auf das Konsolschränkchen hat Phillipa eine bunt zusammengewürfelte Sammlung von Ziergegenständen plaziert.*

LIEBENSWERTES DURCHEINANDER

DIE OLD SCHOOL

RECHTS: *Phillipas Badezimmergestaltung – eine große Seerose unter dem Fenster und ein Bambus in einer Ecke. Für das Bemalen der Wände, der Decke, der Waschmaschine und des Fußbodens brauchte sie nur zwei Tage.*

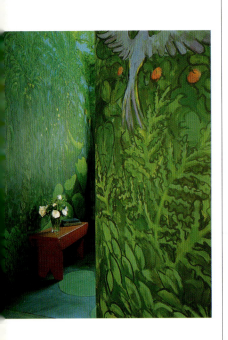

OBEN UND GANZ RECHTS: *Ein irischer, rot angemalter Melkschemel kontrastiert mit dem in Phillipas Wandgemälde vorherrschenden Grün. Den Anstoß dazu erhielt sie von einem ihrer Söhne. »Ich überlegte, wie ich ein sichtbares Rohr und den insgesamt etwas baufälligen Eindruck verschönern konnte, und kam so auf die Darstellung dieses Dschungelpanoramas.«*

House klassizistisch umzugestalten. Vielleicht erklärt diese Vorliebe auch den ungewöhnlichen kleinen Vorbau mit kannelierten dorischen Säulen und Triglyphen an der Old School. Angesichts seiner Leidenschaft für Kunstgegenstände war es für Lord Cloncurry ein schwerer Schlag, als ein Schiff, beladen mit gerade erworbenen italienischen Antiquitäten, vor Wicklow Head sank. Bis heute liegt der Marmor seiner Lordschaft auf dem Meeresgrund.

Seit der Trennung von ihrem Mann – die Söhne sind mittlerweile erwachsen – wohnt Phillipa Bayliss alleine in der Old School. Sie malt in ihrem Atelier oder im Garten und erteilt bisweilen auch Unterricht. Heute ist das Haus eine Oase der Ruhe und Gastfreundschaft. Immer wieder kommen ihre Kinder und Enkel, Botschafter, Künstler, Schriftsteller und andere interessante Menschen aus Phillipas exklusivem Freundeskreis hierher. Im Anschluß an diese Besuche kehrt das Leben am Kanal zu seiner ursprünglichen Beschaulichkeit zurück: Enten und Teichhühner plätschern in der gemächlichen Strömung des Wassers, dessen Lichtspiel sich an den Decken der Zimmer widerspiegelt.

LIEBENSWERTES DURCHEINANDER

BALLINTERRY

Links: *Die Abendsonne fällt auf die dunkelgrüne Wand des Salons, an der ein Chinoiserie-Spiegel hängt. Auf einem Tisch stehen böhmische Glaskandelaber, und ein Holzpferd reckt den Kopf hinter roten Geranien hervor. »Jedes irische Haus sollte sein eigenes Pferd haben«, meint Hurd Hatfield.*

Links: *Ballinterry, im 13. Jahrhundert erbaut, hat die turbulente Geschichte Irlands überdauert und ist heute als Baudenkmal registriert. Als Hurd Hatfield es 1974 entdeckte, existierten bereits Abrißpläne. Der kleine Grundriß und die schlichte Fassade im Queen-Anne-Stil sind in Irland selten.*

Hurd Hatfield gehört zu jenen talentierten Amerikanern, die in ihrer Kindheit auf die ein oder andere Weise von europäischer Kultur derart beeinflußt wurden, daß es sie als Erwachsene dazu drängt, diese Erfahrung kreativ umzusetzen. Diese seltene Spezies wird von einer beneidenswerten Mischung aus Vitalität, Entschiedenheit und Ideenreichtum angetrieben.

Hurd Hatfield ist als Schauspieler bekannt, insbesondere durch seine Titelrolle in der 1936 gedrehten Fassung von Oscar Wildes *Das Bildnis des Dorian Gray.* Seine zweite Leidenschaft gilt alten Häusern. Als Kind verbrachte er den Familienurlaub in einer umgebauten alten Taverne in New Jersey, wo er vom Flair des 18. Jahrhunderts verzaubert wurde, ohne Genaueres darüber zu wissen. Damals verliebte er sich zum ersten Mal in ein altes Haus, was ihm später noch öfter (insgesamt siebenmal) passieren sollte. Den Höhepunkt stellte schließlich der Kauf von Ballinterry dar – seinem ersten irischen Haus und der großen Liebe seines Lebens. Damals besuchte Hurd die in der Nähe wohnende amerikanische Schauspielerin Angela Lansbury. Ballinterry war für ihn Liebe auf den ersten Blick. Möglicherweise rettete er das Gebäude vor dem Abriß – seine damaligen Besitzer fanden es zu groß und waren bereits in ein Cottage auf dem Land umgezogen.

Ballinterry in der Grafschaft Cork ist eines der ältesten fortdauernd bewohnten Häuser in Irland. Manche Gebäudeteile datieren aus dem 13. Jahrhundert. Die mittelalterlichen Türme auf dem Grundstück weisen auf einen ursprünglich wehrhaft befestigten Wohnsitz hin, der teilweise noch Bestandteil des heutigen Gebäudes ist. Die Vorderseite im Queen-Anne-Stil sieht völlig anders aus als die Rückseite, eine bunte Ansammlung alter Steine mit halbverdeckten

LIEBENSWERTES DURCHEINANDER

BALLINTERRY

OBEN: *Zwei chinesische Teller aus dem 18. Jahrhundert hängen an Bändern an einer rot getäfelten Wand. Bei der Farbgebung ließ sich Hurd von seiner jüngsten Rußlandreise inspirieren.*

LINKS: *Das Musikzimmer entstand nach einem Brand. Auf dem Tisch steht eine Fotografie von George V. und seinem unglücklichen Cousin Nikolaus II., dem Zar von Rußland. Die Idee für die Tischdekoration mit Namenskarten für die französische Autorin George Sand (1804–1876) und ihre Freundinnen und Freunde stammt aus Sands Arbeitszimmer im französischen Nohant.*

LIEBENSWERTES DURCHEINANDER

BALLINTERRY

Unten: *Die blaue Bibliothek mit Regalen einer ehemaligen Buchhandlung aus dem 18. Jahrhundert. Unter dem Porträt von Hurds Vater steht ein irischer Gebärstuhl.*
Rechts: *Detailansicht des grünen Salons mit Kandelaberspiegel und einer Skulptur von Hurd, gestaltet von der deutschen Künstlerin Margarita Garthe (rechts im Bild).*

Bögen und eingesetzten Fenstern, die den Entwicklungsverlauf des Hauses über die Jahrhunderte hinweg deutlich werden lassen.

Hinter der unauffälligen Fassade von Ballinterry offenbart sich allerdings eine ausgesprochen phantasievolle Welt, die mit dem schlichten Äußeren nicht viel gemein hat. Jedes Zimmer beherbergt Gegenstände aus unterschiedlichen Erdteilen und Epochen und wird von einer ganz eigenen Stimmung geprägt. 1991 wurden der Nordteil des Hauses und ein Teil des Mobiliars durch ein Feuer zerstört. Hurds Reaktion war typisch: Unverzagt und voller Ideen begann er mit der Restaurierung. Obwohl alle neuen Zimmer einen Bezug zum Theater aufweisen, tritt dieser in dem im Anschluß an den Brand eingerichteten Musikzimmer am deutlichsten zutage; hier ließ sich Hurd von seiner Beziehung zu Rußland leiten, die er über seinen alten Freund und Mentor Michail Tschechow, den »Meister des russischen Theaters«, pflegt.

Hurds Geisteshaltung und die Stationen seines langen und facettenreichen Lebens sind überall im Haus dokumentiert: Amerika (er stammt aus New York), Irland, seine Liebe zu Europa und Indien, seine künstlerische Karriere, sein Interesse für Literatur sowie seine Verbundenheit mit noch lebenden und bereits verstorbenen Freunden. Der Gestaltung des Interieurs liegt eine empfindsame, vielgestaltige und unprätentiöse Haltung zugrunde. Durch Farben gibt er dem Ganzen etwas Geheimnisvolles; er will »zeigen, wie sich die Dinge mit der Zeit verändern«.

LIEBENSWERTES
DURCHEINANDER

DIE VOGELMÄNNER VON MULLET

Oben: *Zwei Pappmaché-Schwäne auf Säulen aus weiß gestrichenen Teerfässern bewachen den Eingang zum Pine Cottage. Zu den Vögeln und Tieren, die Anthony Coyle für seine Gartenmenagerie gebastelt hat, gehören auch eine gescheckte Kuh und ein Vogel Strauß.*
Links: *In den Küchenschränken ist eine Auswahl der vielfältigen, hier beheimateten Tierwelt zu sehen, vor allem Vögel.*

Vor der Küste der Grafschaft Mayo erstreckt sich die Halbinsel Mullet in den Atlantik, eine der ärmsten und am wenigsten bekannten Regionen im Westen Irlands. In den niedrig gelegenen, baumlosen Landstrichen Mullets findet man nur kleine Bauernhöfe. Sanddünen und Moore herrschen in dieser Gegend vor, weder gibt es hier berühmte Seen oder Berge noch lachsreiche Flüsse, die Touristen anlocken würden. Der Charme dieser Landschaft offenbart sich erst auf den zweiten Blick: Schwärme von Strandläufern und Austernfischern, der Schrei des Brachvogels im Wind, die endlose Weite des Himmels … und das geschäftige Treiben am Markttag, wenn sich nahezu alle Bewohner ins Städtchen Belmullet begeben, um einzukaufen oder zu verkaufen und um die Gelegenheit zu ergreifen, einander in den Bars den neuesten Klatsch zu erzählen.

Belmullet, von wohlhabenden Grundbesitzern erbaut, hat schon bessere Zeiten gesehen. Einer aus den 1830er Jahren stammenden Beschreibung zufolge sah man überall »florierende Industrie … große Geschäfte … und die Masten der Schiffe, die am Ende der Hauptstraßen vor Anker

LIEBENSWERTES DURCHEINANDER

DIE VOGELMÄNNER VON MULLET

RECHTS: *Die Statue der Heiligen Jungfrau Maria, von Anthony Coyle bemalt, steht an prominenter Stelle im Wohnzimmer. Hier verbringen die Brüder Anthony und Michael Coyle ihre Abende – umgeben von ausgestopften Tieren und Pappmaché-Vögeln. Anthony ist ein begeisterter Anhänger von Charles Darwin.*

OBEN: *Ein aus Holz gearbeiteter Wanderfalke, von Anthony angefertigt und bemalt, wacht in dessen Schlafzimmer.*

OBEN: *Anthony Coyle mit seinem Schäferhund Cuchullainn, benannt nach einem irischen Sagenheld, am offenen Kamin. Die Küchenanrichte sieht noch genauso aus wie zu Lebzeiten seiner Mutter.*

RECHTS: *In dem von Geranien gesäumten Vorbau hängen zahlreiche Bilder von Wild- und Haustieren. Anthony und Michael Coyle errichteten den Vorbau vor ihrem Cottage, damit keine ungeladenen Gäste wie Enten und Schafe in ihrem Heimatmuseum herumstöbern können.*

lagen«. Im Laufe der letzten hundert Jahre jedoch wurde die Region zunehmend von einem wirtschaftlichen Niedergang erfaßt. Wie andere Familien in Mayo pflegen auch die Einwohner der Halbinsel enge familiäre Beziehungen zu England, und viele von ihnen brachten es in der Bauindustrie in Birmingham und den West Midlands zu Reichtum.

Michael und Anthony Coyle bilden eine Ausnahme. Die durch und durch heimatverbundenen Brüder wohnen seit dem Tod ihrer Mutter vor über vierzig Jahren in dem am wenigsten geschützten Teil der Halbinsel in einem Drei-Zimmer-Bungalow. Der Natur die Stirn bietend, haben sie ihr Pine Cottage zusätzlich zu dem eher herkömmlichen Windschutz aus Fuchsien und Rhododendron noch mit einem exotischen Wall aus Sträuchern und Bäumen umgeben – Moorweiden, Pyramidenpappeln, Steinbrechgewächsen, Bambusrohr, Neuseeländer Flachs und Agaven. Da sie im Dorf auf der anderen Seite gegenüber der Bucht geboren wurden, werden die beiden Brüder immer noch als Fremde angesehen, weshalb sie z.T. größere Freiheiten genießen als andere Bewohner von Mullet. Als kleiner Junge sammelte Anthony Vogeleier – bis seine Mutter ihm erzählte, daß man deswegen in die Hölle käme. Vielleicht ist er als Wiedergutmachung nun zum Vogelzüchter geworden: In seinem Garten hält er Goldfasane, Perlhühner und seltene Entenarten, und auch die auf den nahen Klippen nistenden Wanderfalken behält er scharf im Auge.

Das Cottage ist heute fast so etwas wie ein Heimatmuseum: Die Vogeleier von früher (auf die Anthony trotz der mütterlichen Warnung sehr stolz ist) werden durch ausgestopfte Fische, Tierbilder und Vogelporträts ergänzt, und über allem wacht die Heilige Jungfrau Maria, die »Königin von Irland«.

LIEBENSWERTES DURCHEINANDER

PICKERING FOREST

OBEN: *Als Marina Guinness Pickering Forest 1990 erwarb, war außer ihr niemand am Kauf interessiert. Zu dem Anwesen gehörte nicht nur gutes Weideland, sondern auch ein fast drei ha großes Stück Land mit zahlreichen alten Buchen, das vom Makler geringschätzig als »Ödland« bezeichnet wurde.*
LINKS: *Der Spiegel, Werbeträger einer weniger erfolgreichen Konkurrenzbrauerei, ist ein Geschenk von Marinas Stiefmutter Penny Guinness. Die Wände wurden von der Künstlerin Phillipa Bayliss von der nahegelegenen Old School gestaltet (S. 75).*

Als Marina Guinness Pickering Forest kaufte, ein weitläufiges Anwesen aus dem späten 18. Jahrhundert in der Grafschaft Kildare, folgte sie ihrer Intuition. Ihre Mutter Mariga war kurz zuvor gestorben und hatte ihr ein kunterbuntes Erbe hinterlassen: Tausende von Büchern und unzählige weitere Gegenstände, die in verschiedenen Häusern in Irland, England, Schottland und Norwegen verteilt waren. Marina benötigte dringend mehr Platz, um ihre Habe unterzubringen.

Ursprünglich hatte Pickering Forest der Familie Brooke gehört, deren letztes Familienmitglied, Lady Mabel Brooke, in der Region wohlbekannt war. Laut Henry McDowell, einem ortsansässigen Freund der neuen Besitzerin, war Marina »vor einem Fest vor allem darum bemüht, den Teppich trocken zu kriegen. Tag und Nacht wurden die offenen Feuer in Gang gehalten, bis sämtliche Kronleuchter und Spiegel leicht beschlagen waren. Wenn sich der Raum dann mit Menschen füllte, tropfte das Kondenswasser unbemerkt in kleinen Tröpfchen von der Decke.« Solche

OBEN: *Der Papierfries in der Bibliothek wurde von David Skinner, einem ortsansässigen Handwerker, entworfen. Ursprünglich für die Decke der St. Aidanskirche in Enniscorthy gedacht, wurde er in Streifen geschnitten und hier verwendet. Die gelbe Farbe ist mit einer mit goldenem Farbpulver vermischten Mattlasur überzogen. Über dem Kaminsims hängt ein Bild vom Lachssprung bei Leixlip Castle (S. 43), wo Marinas Eltern leben.*

Widrigkeiten entdeckte Marina aber erst nach ihrem Einzug. Bei jedem Regen strömte ein wahrer Wasserfall die Treppe herab, und schließlich mußte sie entsetzt feststellen, daß der Abfluß aus dem Bad im Keller endete, wo sich bereits ein übelriechender unterirdischer See gebildet hatte.

Am schlimmsten war jedoch der Hausschwamm, weil dieser die Fußböden in einigen Räumen fast zum Einsturz gebracht hätte. Trost fand Marina bei ihrem Vater, Desmond Guinness. Er erzählte ihr, er kenne Menschen, die der kostspielige Kampf gegen den Hausschwamm in den Selbstmord getrieben habe; hingegen habe er noch nie gehört, daß jemand beim Sturz durch einen morschen Boden zu Tode gekommen sei. Doch damit nicht genug: Es gibt auch noch einen Hausgeist, der fast jeden Morgen um zwei Minuten vor fünf ein schreckliches Getöse macht.

Es dauerte Jahre, bis sämtliche Renovierungsarbeiten abgeschlossen waren und die Handwerker nach Hause geschickt werden konnten. Und noch immer treffen wie durch Zauberhand Gegenstände von hier und dort ein, um die Lücken des Interieurs zu füllen. Insgesamt strahlt das Haus eine warme, einladende Atmosphäre aus. Eine Schar kläffender Hunde geleitet die unablässig eintreffenden Besucher über den holprigen, von Schlaglöchern übersäten Weg. Hat man diesen Spießrutenlauf überstanden, ist jedoch Entspannung angesagt: Mit frisch aufgebrühtem Tee und einer warmen Mahlzeit heißt Marina ihre Gäste willkommen.

OBEN: *Die knallroten Wände im Eßzimmer sollen »das düstere Seestück ein wenig aufhellen«, meint Marina Guinness. Der Zebrakopf hing ursprünglich an der Wand, fiel jedoch bei einer besonders wilden Party herunter – und verfehlte nur knapp den Kopf eines Gastes. »Der Alligator macht die Leute so nervös, daß sie in der Regel schnell ihre Teller leer essen.«*

LINKS: *Erst vor kurzem hat Marina die mühsame Aufgabe vollendet, die Besitztümer ihrer verstorbenen Mutter zu sortieren und im ganzen Haus zu verteilen. Das Bett im grünen Schlafzimmer stammt aus einer chinesischen Opiumhöhle. Die außergewöhnliche Breite erlaubte es, daß hier zwei Menschen nebeneinanderliegen und sich ein Pfeifchen teilen konnten.*

LIEBENSWERTES DURCHEINANDER

HUNTINGTON CASTLE

Links: *Zwei gebogene Kerzenhalter zu Ehren eines Porträts von Olivia, der Heldin aus Shakespeares Lustspiel* Was ihr wollt. *Der Maler ist William Powell Frith, ein viktorianischer Künstler, der sich durch Genrebilder wie* Derby Day *einen Namen machte.*

Links: *Huntington Castle, vom Stalltor aus gesehen, mit Anbauten aus dem 19. Jahrhundert. Das Schloß wurde auf dem Grundstück einer ehemaligen Abtei errichtet; über dem Eibenweg, einem der ältesten in Europa, sollen bei Dämmerung gespenstische Mönche ihr Unwesen treiben.*

Am St.-Patricks-Tag 1966 hatte Lawrence Durdin-Robertson, ein katholischer Pfarrer und der Besitzer von Huntington Castle in der Grafschaft Carlow, ein mystisches Erlebnis: Als er entlang des mit Eiben bestandenen Weges, über dem bei Dämmerung angeblich gespenstische Mönche schweben, spazierenging, überkam ihn die plötzliche Erleuchtung, daß Gott eine Frau sei. Trotz der Mißbilligung durch den Bischof und seine angloirischen Nachbarn veröffentlichte er mehrere Pamphlete über seine Göttin und gründete zusammen mit seiner Schwester Olivia und seiner Frau Pamela die sogenannte Isis-Gemeinschaft. Die angebotene Mischung aus Ökologie, Feminismus, New-Age-Religiösität und fernöstlicher Spiritualität, untermauert durch einige gelehrte Betrachtungen über alte Religionen von Lawrence Durdin-Robertson, ist offensichtlich populär: Angeblich haben sich in über neunzig Ländern mehr als 14 000 Mitglieder gefunden.

Seit dem Tod von Lawrence (»Derry«) und Pamela führt Olivia, die Hohepriesterin von Isis, die Gemeinschaft. Das Schloß gehört heute David, dem Sohn von Lawrence, und ist der Öffentlichkeit von Juni bis August zugänglich. Besucher dürfen der Gemeinschaft gerne beitreten. Deren Erfolg erklärt sich Olivia durch die Verbindung von moderner feministischer Theologie mit antikem Heidentum und ökologischen Anliegen: »Die Menschen spüren, daß das weibliche Element aus ihren Religionen verbannt wurde. Sogar in der katholischen Kirche werden Marienstatuen ausgesondert. Jüngste Erscheinungen in Lourdes, Fatima, Knock, Garabondal, Medjugorge und anderswo deuten darauf hin, daß die Erde durch den irrsinnigen männlichen Mißbrauch von Gottes kreativer Kraft zerstört wird. Die ganze Welt wird durch die patriarchale Technokratie

LIEBENSWERTES DURCHEINANDER

HUNTINGTON CASTLE

RECHTS: *Die Dekoration im Erdgeschoß zeugt von Nora Parsons Treffsicherheit – die Mutter von Olivia und Derry Durdin-Robertson schoß das Krokodil im Alter von 17 Jahren in Indien. Angesichts ihrer allseits bekannten Abneigung gegenüber jeglichem Jagdsport hätte die Göttin dies allerdings zweifellos mißbilligt.*

OBEN: *Der Hochaltar der Isis. Die Figur der Göttin wurde von Derrys Sohn David geschnitzt, dem heutigen Schloßbesitzer.*

GANZ RECHTS: *Mutter und Kind bewachen den Treppenaufgang zur Bibliothek, wo Lawrence »Derry« Durdin-Robertson seine Studien über die Göttin und ihre früheren Erscheinungen betrieb.*

bedroht; Anzeichen dafür sind Tierversuche, biologische Kriegsführung, die Ausbreitung von Atomwaffen ... «

In dem Bemühen, dieser katastrophalen Entwicklung entgegenzuwirken, widmete man das gesamte Erdgeschoß von Huntington Castle der Göttin Isis in ihren unzähligen Erscheinungen: als Kuh Hathor und Löwin Sekhet aus der ägyptischen, als Lakshmi, Parvati und Kali aus der hinduistischen sowie als Demeter aus der griechischen Mythologie. Küchen und Keller des Schlosses fungieren als Oratorien; kalte, trostlose Räume, in denen einst Lakaien und Dienstmädchen wienerten und schrubbten, erstrahlen heute im Glanz von Ikonen, Statuen, Kandelabern und Opferplatten. Selbst altes Küchengeschirr, z. B. ein Kessel, der direkt aus *Macbeths* Hexenküche stammen könnte, wird als Teil des ewig Weiblichen verehrt. Das Herzstück bildet der Hochaltar der Isis. Deren geschnitzte Holzstatue belegt David Durdin-Robertsons bildhauerisches Talent. Zur Winter- und Sommersonnenwende, an den Tagundnachtgleichen im Frühjahr und Herbst sowie

LIEBENSWERTES
DURCHEINANDER

HUNTINGTON
CASTLE

LINKS: *Aus ihren vergoldeten Bilderrahmen schauen ganze Generationen von Esmondes, Durdins und Robertsons im Eßzimmer wohlwollend auf das Familiensilber hinab, das auf dem im typischen anglo-irischen Stil gebauten Mahagoni-Sideboard zur Schau gestellt wird. Die Feuerstelle aus dem 17. Jahrhundert wurde in eine Durchreiche zur Küche umfunktioniert.*

GANZ LINKS: *Blickfang im Tapisseriezimmer, in dem Kinderporträts von Familienmitgliedern an den einst großartigen, mittlerweile verblaßten Wandbespannungen hängen, ist eine klassizistische Skulptur aus dem 19. Jahrhundert, die die Jagdgöttin Diana (eine der zahlreichen Erscheinungen der Göttin) auf dem Rücken eines Löwen darstellt.*

an den anderen Festtagen im Kalenderjahr der Göttin versammelt sich die Anhängerschaft rund um ihren Altar, während Priesterinnen und Priester der Isis Sprechgesänge und Gebete anstimmen, die in Irland seit 2000 Jahren nicht mehr gehört wurden.

Die Familie Esmonde, die Huntington Castle 1630 erbaute, machte mit religiösen Konflikten ihre eigenen leidigen Erfahrungen. Aylish O'Flaherty, irisch-katholische Gattin des Protestanten Lord Esmonde, verließ ihren Mann zusammen mit ihrem kleinen Sohn Thomas, weil sie fürchtete, dieser könne als Häretiker aufwachsen. Nach der damaligen Rechtsprechung genügte dies, um die Ehe aufzulösen und den Jungen zu enteignen.

Doch obwohl er seinem katholischen Glauben treu blieb, erhielt Thomas Esmonde das Haus zurück: Während des Englischen Bürgerkriegs (1642–1649), als Huntington Castle von Oliver Cromwells Truppen besetzt wurde, stellte er eine Kavallerietruppe der Royalisten auf und erhielt nach der Restauration der Monarchie von Karl II. zum Dank die Baronetswürde. Thomas' Sohn,

LIEBENSWERTES DURCHEINANDER

HUNTINGTON CASTLE

RECHTS: *Im Wintergarten, einem Anbau aus dem ausgehenden 19. Jahrhundert, dominiert der Wein, der aus einem Ableger aus Hampton Court bei London gezogen wurde.*
UNTEN: *Das Tapisseriezimmer wurde zusammen mit einem Großteil des übrigen Hauses im späten 19. Jahrhundert renoviert.*

Sir Lawrence, machte das Schloß 1680 ohne jede Beanstandung zum Familiensitz und hinterließ es seinen drei Töchtern, von denen eine, Helen, Richard Durdin heiratete. Mehr als ein Jahrhundert blieb das Schloß Eigentum der Familie Durdin. In dieser Zeit wurden die Bibliothek und eine kleine Kapelle gebaut. 1890 ging das Anwesen durch Heirat in den Besitz der schottischen Familie Robertson über. Wie im Falle weiblicher Erben damals üblich, wurde der ursprüngliche Name des Besitzers dem neuen vorangestellt. Heute leben hier drei Generationen von Durdin-Robertsons: Olivia, David und seine Frau Moira sowie deren Kinder.

Abgesehen von einer kleinen Statue beschränkt sich das Reich der Göttin ganz auf das Erdgeschoß. Die oberen Etagen wurden im Laufe der Jahrhunderte kaum verändert – womöglich drehte Stanley Kubrick deshalb hier 1975 seinen Film *Barry Lyndon* (die Verfilmung von Thackerays Roman über Verarmung und Habgier der Anglo-Iren). Die mit mächtigen Holzvertäfelungen und dicken Wollteppichen ausgestatteten Treppen und Flure wirken düster. Die Zimmer sind vollgestopft mit Nippes und anderen Gegenständen, die von den Esmondes, Durdins und Robertsons gesammelt worden sind. Bis vor kurzem gab es kein elektrisches Licht, die Gäste mußten bei Kerzenschein zu Bett gehen. Aber Huntington Castle ist nicht so düster, wie man vielleicht meinen mag: Sobald die Sonne durch die Wolken dringt und ihr Licht an die großartigen Stuckdecken wirft, wird eine vergangene, heitere Welt heraufbeschworen.

LIEBENSWERTES DURCHEINANDER

ORANMORE

OBEN: *Der kahle Bau ist direkt nach Westen in Richtung Atlantik ausgerichtet und trotzt den unaufhörlichen Stürmen. Wie andere viereckige Wehrtürme der Gegend wurde auch er im 13. Jahrhundert von normannischen Siedlern erbaut.*
LINKS: *Der größte Raum im Obergeschoß des Bergfrieds, einst eine Soldatenkammer, wird heute gelegentlich als Gästezimmer genutzt.*

Kurz nach Ende des Zweiten Weltkriegs erwarb die Schriftstellerin Anita Leslie, Mutter der jetzigen Besitzerin Leonie Finn, die verfallene Ruine Oranmore in der Grafschaft Galway. Für den Bergfried und das dazugehörige Feld zahlte sie weniger als 200 Pfund. Eine behagliche Atmosphäre ging allerdings noch nie von der Festung aus dem 13. Jahrhundert aus. Anita Leslie und ihr Mann, Kommandant Bill King, kapitulierten letztlich im Kampf gegen die Feuchtigkeit. »Als wir das erste Mal hierher kamen«, erzählt Bill, ein munterer Mittneunziger, »hat es im Burginneren regelrecht geregnet. Wenn man in der großen Halle stand, konnte man sehen, wie feiner Nebel von oben herabfiel.« So konnten im Inneren auch ohne Blumentopf oder Gießkanne zahllose Pflanzen gedeihen. In den Spalten unter den Schießscharten siedelten sich Farne und Wildblumen an. In einem kleinen, gewölbten Raum, der gelegentlich als Gästezimmer genutzt wird, hat sich die Fensternische in ein exotisches Palmenhaus verwandelt, verschiedene Farnarten werden durch das grünliche Wasser feucht gehalten, das schon seit Jahrhunderten die Wände hinabzurinnen scheint.

LIEBENSWERTES DURCHEINANDER

ORANMORE

Rechts: *Das Fenster in der großen Halle zeigt die massive Wandstärke. Eine Madonna und zwei geschnitzte Holztruhen erzeugen eine mittelalterliche Atmosphäre.*

Unten: *Pflanzen vor einem Fenster im Durchgang zwischen dem mittelalterlichen Bergfried und dem modernen Wohngebäude. Man sieht hier, wie geschickt die ortsansässigen Steinmetze alte und neue Steine zusammenfügten.*

LIEBENSWERTES DURCHEINANDER

ORANMORE

LINKS: *Der im großen Saal vorherrschende Einrichtungsstil ruft die Erinnerung an den normannisch-gälischen Ursprung des Bauwerks wach. Die Normannen waren schon bald »irischer als die Iren« und bildeten eigene Clans. Die letzte militärische Begegnung erlebte Oranmore während des brutalen und blutigen Irland-Feldzugs von Oliver Cromwell Mitte des 17. Jahrhunderts. Glücklicherweise ließ die englische Artillerie die Wände unversehrt.*

Inzwischen wohnen Leonie, ihr Mann Alec Finn und ihre Kinder in einem komfortableren neuen Gebäude, das Anita und Bill neben dem Bergfried errichteten. Anita starb vor einigen Jahren, doch Bill kommt noch immer regelmäßig zu Besuch. Die zum alten Gemäuer passenden Granitsteine, mit denen das neue Haus gebaut wurde, stammen von einer protestantischen Kirche aus der Gegend, deren Abriß Anita zufällig beobachtete. Als sie sah, wie die Arbeiter den schönen Stein zermalmten, um ihn für den Straßenbau zu verwenden, verhandelte sie mit dem Vorarbeiter und erwarb die Steine schließlich für zwei Shilling Sixpence (ca. 30 Pfennige) pro Stück. Im Bergfried werden nur Gäste untergebracht. »Er ist für Partys ideal«, meint Alec, ein erfolgreicher Musiker. »Der große Saal läßt sich hervorragend mit dem offenen Kamin heizen, denn der Schornstein ist perfekt konstruiert. Deshalb qualmt der Kamin selbst bei starkem Sturm nicht.«

4. VARIATIONEN

LÄNDLICHER IDYLLE

VARIATIONEN LÄNDLICHER IDYLLE

DAS MELLON-COTTAGE

OBEN: *Das Cottage bei Camp Hill. Hier wurde Thomas Mellon, der Gründer des Familienvermögens, 1813 geboren.*
LINKS: *Blick von der Küche ins Wohnzimmer. Ursprünglich gab es nur zwei Räume: eine Küche und ein Schlafzimmer. Verglichen mit den meisten Farmhäusern in der Grafschaft Tyrone, wo Mensch und Tier sich oft ein einziges Zimmer teilten, war dieses Cottage geräumig. In seiner Autobiographie schreibt Thomas Mellon, seine Familie sei »gut zurechtgekommen«.*

Die Geschichte der irischen Auswanderung nach Amerika, als Tausende im überriechenden Elend der berühmt-berüchtigten *coffin ships* (Sargschiffe) ihr Leben aufs Spiel setzten, weil sie aus ihrer Heimat vertrieben worden waren oder vor einer Hungersnot flüchteten, hat sich so ins Gedächtnis der katholischen Iren und der irischstämmigen Amerikaner eingebrannt, daß darüber eine nur wenig kleinere Welle von Emigranten der schottischstämmigen Protestanten aus Ulster oftmals übersehen wird. Dabei haben diese für Amerika nicht gerade Unerhebliches geleistet. Von den 56 Unterzeichnern der Unabhängigkeitserklärung stammten neun aus Ulster, und mindestens zehn Präsidenten der Vereinigten Staaten hatten schottisch-irische Vorfahren.

Die sogenannten *dissenters* und die Presbyterianer wurden in Irland ebenso diskriminiert wie die Katholiken; eine führende Rolle spielten sie bei dem Aufstand im Jahre 1798, für den der nordamerikanische Unabhängigkeitskrieg der Kolonisten zwei Jahrzehnte zuvor als Vorbild diente.

VARIATIONEN LÄNDLICHER IDYLLE

DAS MELLON-COTTAGE

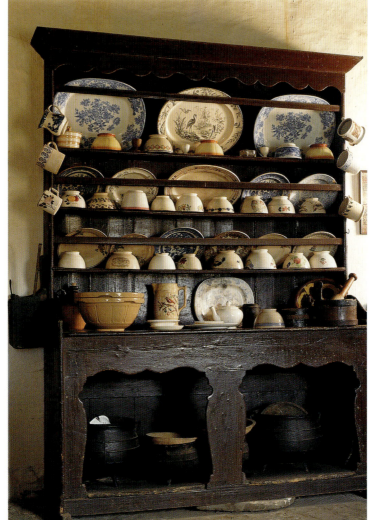

RECHTS OBEN: *Detailansicht der Küche. Auf dem Küchentisch sind mehrere Schalen und Schüsseln sowie ein Milchkännchen zu sehen; darunter steht ein Butterfaß. Zu den traditionellen Utensilien gehörten leichte Holzbehälter, die beim Melken und bei der Herstellung von Buttermilch verwendet wurden.*

RECHTS UNTEN: *Eine Küchenanrichte mit einer Sammlung von Tellern, Schüsseln und Platten. Die unten stehenden eisernen Kochtöpfe und Sahnebehälter dienten zum Abkühlen der frisch gemolkenen, noch warmen Milch. Im Messerkasten links wurde das Besteck außerhalb der Reichweite von Kindern aufbewahrt.*

GANZ RECHTS: *Rechts der Feuerstelle, die zum Heizen und Kochen diente, hängt ein Foto von Thomas Mellon. Die Töpfe konnten nach außen geschwungen und leicht abgenommen werden. Die Bank unter dem Fenster läßt sich in ein Doppelbett verwandeln. Solche zweifach verwendbaren Möbel waren in kleinen Cottages üblich. Das Schwert, ein Erbstück der Mellons, wurde 1968 bei der Renovierung gefunden.*

OBEN: *Im großen Schlafzimmer steht ein gußeisernes Bettgestell mit einer einfachen rustikalen Bettdecke sowie ein Waschtisch mit einem Krug, auf dem ein chinesisches Weidenmotiv zu sehen ist. Einige der Gegenstände im Mellon-Cottage sind Familienerbstücke; die meisten wurden jedoch in der Region hinzugekauft, um eine authentische Atmosphäre des 19. Jahrhunderts herzustellen.*

(Der Aufstand der *United Irishmen* unter der Führung von Wolfe Tone wurde niedergeschlagen.) Auf dem Land lebten die Protestanten in Ulster oftmals in ebenso erbärmlichen Verhältnissen wie ihre katholischen Landsleute.

Bis Anfang des 19. Jahrhunderts war Irland im europäischen Vergleich das Land mit der höchsten Bevölkerungsdichte; Ulster wiederum war die am dichtesten besiedelte Region Irlands. Durch die Teilung von immer kleiner werdenden Grundstücken versuchte man, möglichst vielen Familienmitgliedern die Möglichkeit zu schaffen, ihr eigenes Einkommen zu erwirtschaften. Zwischen 1815 und 1851 zogen etwa eine halbe Million Menschen aus Ulster fort, die meisten von ihnen in die Neue Welt.

Unter den Emigranten befand sich auch eine Familie, deren Name mit der Zeit zum Synonym für Wohlstand und Mäzenatentum wurde. Der Farmer Archibald Mellon, dessen Vorfahren sich in den 1660er Jahren in Ulster niedergelassen hatten, lebte in bescheidenen Verhältnissen. Wenn-

gleich im damaligen Vergleich sicherlich nicht arm, betrachtete er die Familienfarm bei Camp Hill in der Nähe von Omagh in der Grafschaft Tyrone jedoch als zu klein, um seine neun Kinder ernähren zu können. Also emigrierte er nach Amerika und ließ sich 1816 in Pennsylvania nieder.

Sein Sohn Andrew blieb auf der Farm zurück. Für ihn, seine Frau und sein Kind hätte das Grundstück zwar bei weitem ausgereicht, aber am Ende erwiesen sich die Anziehungskraft Amerikas und die Familienbande als zu stark: 1818, als sein Sohn Thomas sechs Jahre alt war, verpachtete Andrew die Farm mit dem einfachen, aber gemütlichen Cottage, das er von 1816 bis 1818 selbst gebaut hatte, für insgesamt 200 goldene Guineas (210 Pfund) und segelte in Richtung Vereinigte Staaten. Die Münzen wurden in einen Gürtel eingenäht, den seine Frau um die Taille trug.

Nach anfänglichen Entbehrungen faßte die Familie in Pennsylvania schließlich Fuß. Angeregt durch Benjamin Franklins Lebenslauf, wurde Thomas Mellon zunächst Rechtsanwalt und später Richter. Er erwarb wertvolle Ländereien und gründete 1870 jene Bank, die die folgenden Generationen der Mellons zu einem der bedeutendsten Geldinstitute Amerikas ausbauten.

In Irland dagegen verfiel das Cottage bei Camp Hill zusehends. Um 1950 diente es nur noch als Lagerstätte und Stall; das zuvor reetgedeckte Dach war durch Wellblech ersetzt worden. Dank eines Restaurierungsprogramms der nordirischen Regierung konnten Matthew Mellon und seine Familie das instandgesetzte Cottage schließlich als Kernstück dem Ulster American Folk Park übergeben, einem Freilichtmuseum, das die Geschichte der Emigranten aus Ulster dokumentiert. Neben anderen Cottages aus Ulster befinden sich hier auch Holzhäuser aus Amerika, darunter eine Nachbildung des von Andrew und Thomas Mellon gebauten Schindelhauses in Pennsylvania.

OBEN: *Das kleine Schlafzimmer mit einem Eisenbett aus dem 19. Jahrhundert und einer Kinderwiege. In einer ähnlichen mag Thomas Mellon einst gelegen haben. Bei der Instandsetzung des Cottages wurde entschieden, Schlafräume und Unterteilungen, die erst nach der Auswanderung der Mellons hinzugefügt worden waren, beizubehalten.*

VARIATIONEN LÄNDLICHER IDYLLE

BOTHAR BUI

Links: *Wohnzimmerecke in Bothar Bui. Auf der traditionellen Holzbank, wie sie in vielen irischen Cottages und Bauernhäusern zu finden ist, liegen handgewebte Decken. Darüber hängt eine Lithographie von William Scott mit dem Titel Blaues Stillleben; das Motiv spiegelt sich in der links an der Wand hängenden Fischbratpfanne und der gußeisernen Platte zum Brotbacken wider.*

Links: *Das ursprüngliche Steinhaus besteht heute aus Küche, Eß- und Wohnzimmer. Das kleine Gebäude rechts wurde in ein Oratorium bzw. eine Klosterzelle verwandelt; dort übernachten die eher asketisch veranlagten Freunde der Walkers. Der alte Eichenwald breitet sich bis zum Meer hinunter aus. Im Hintergrund, gegenüber der Bucht von Kenmare, sind die Bergrücken der MacGillycuddy's Reeks deutlich zu sehen.*

Hazel stealth. A trickle in the culvert.
Athletic sealight on the doorstep slab,
On the sea itself, on silent roofs and gables.

Whitewashed suntraps. Hedges hot as chimneys,
Chairs on all fours. A plate-rack braced and laden.
The fossil poetry of hob and slate.

Desire within its moat, dozing at ease –
Like a gorged cormorant on the rock at noon,
Exiled and in tune with the big glitter.

Re-enter this as the adult of solitude;
The silence-forder and the definite
Presence you sensed withdrawing first time round.
    Seamus Heaney, *Seeing Things*, Faber & Faber, London 1991

Als sich Dorothy und Robin Walker auf die Suche nach einem Refugium im Südwesten Irlands machten, hatten sie die Halbinsel Beara bereits kennen- und liebengelernt; die Landschaft hier ist viel wilder und einsamer als die der bekannteren Halbinseln der Grafschaft Kerry und doch min-

OBEN: *Die alte Anrichte aus Kiefernholz und der* sugan chair *sind traditionelle irische Möbelstücke. Das Triptychon* Kohl *stammt von dem irischen Maler Martin Gale. Rechts am Kaminvorsprung lehnt ein Gitter, das zum Abkühlen von Kuchen und Brot verwendet wurde.*

RECHTS: *In einer Ecke in Sarah Walkers Atelier hängen links zwei Bilder aus ihrer karibischen Serie (1994), ganz links* Türkei *(1992). Das große Gemälde,* Kidichi Man, *malte der irische Künstler Michael Mulcahy in Bothar Bui.*

destens ebenso schön. Der Name geht zurück auf Beara, die im zweiten Jahrhundert v. Chr. die Gattin von Owen More, des Königs von Munster, war. Ein Teil gehört zur Grafschaft Kerry, der andere zu Cork.

An der Grenze zwischen den beiden Grafschaften entdeckten die Walkers Bothar Bui (Gelbe Gasse). Bereits 1838 war der Ort in einer topographischen Karte als Ruine eingezeichnet. Erhalten geblieben waren nur zwei Giebel eines kleinen Steinhauses. Das Dach existierte schon lange nicht mehr, im Inneren wuchsen Büsche und Bäume, die meisten Wände waren eingestürzt. Glücklicherweise war der ortsansässige Bauunternehmer ein gelernter Steinmetz und konnte das Haus unter Verwendung von Materialien aus der Gegend einwandfrei wiederaufbauen. So verlegte er z. B. ortstypische Schieferplatten für den Fußboden und den Platz vor dem Haus. Die Walkers ließen auch zwei kleinere Außengebäude instand setzen – eines diente als Waschküche und Kesselhaus, das andere als kleines Oratorium bzw. als Klosterzelle, ähnlich jenen der frühen christlichen Einsiedler an der Küste, die Gott im Licht der Berggipfel oder im Meereswind zu finden hofften. Der Entwurf für drei neue Gebäude stammte von Robin selbst, der bis zu seinem Tod vor einigen Jahren als Architekt arbeitete. Ihr Stil ist verhalten modern; aus den Fenstern hat man einen herrlichen Blick über die Bucht von Kenmare zur Halbinsel Iveragh und zu den MacGillycuddy's Reeks, dem höchsten Bergrücken Irlands. Auf dem steil abfallenden Gelände zwischen Bothar Bui und dem Meer ist ein alter Eichenwald erhalten geblieben, einer der wenigen Restbestände der ursprünglichen Vegetation, die noch auf die präelisabethanische Zeit zurückgeht – bevor Kriege, Siedlungspolitik, Schiffsbau und Landwirtschaft einen weitreichenden Kahlschlag zur Folge hatten.

Dorothys Tochter Sarah hat in Bothar Bui seit Anfang der 1990er Jahre gelebt und gemalt. Sie wohnt zwar inzwischen in Dublin, kommt aber immer noch regelmäßig zu Besuch. Ein weiterer häufiger Gast ist der Dichter Seamus Heaney, ein alter Freund der Walkers; er wurde durch Bothar Bui zu dem eingangs zitierten Gedicht inspiriert. Sarahs Mann Kieran Lyons ist Fischer. Seine harte Arbeit beginnt mit der Garnelensaison im September. Von Oktober bis ins darauffolgende Frühjahr fährt er – sofern das Wetter es zuläßt – abwechselnd auf Garnelen- und Miesmuschelfang. In der folgenden Fangpause setzt er den durch winterliche Stürme verwüsteten Gemüsegarten instand. Bei gutem Frühlingswetter fangen die Küstenfischer sämtliche Arten von Felchen. Im Sommer tummeln sich in den warmen, vom Golfstrom beeinflußten Meeresarmen Krabben und Hummer. In der Bucht gibt es auch Miesmuschelfarmen. Der Großteil des Fangs ist für die französische Küche bestimmt, was der irischen Tradition entspricht, Fisch lieber zu exportieren als selbst zu verspeisen.

VARIATIONEN LÄNDLICHER IDYLLE

BOTHAR BUI

VARIATIONEN LÄNDLICHER IDYLLE

BALLYNABROCKY

Oben: *Der Wintergarten, von Ballynabrockys heutigem Besitzer Patrick Scott entworfen und gebaut, paßt stilistisch hervorragend zu den Steinmauern der langen Scheune. »Ich lege extra keinen Garten an«, meint Scott, »daraus wird sonst womöglich noch eine Vollzeitbeschäftigung.«*
Links: *Blick von der alten Küche, dem jetzigen Wohnzimmer, durch die neue Küche zur langen Scheune, die als Speiseraum, aber auch als Atelier dient.*

Das erste, was Patrick Scott sah, als er Ballynabrocky in jenem harten Winter 1963 entdeckte, war ein Schaf, das aus einem Fenster im oberen Stockwerk herausschaute. Das Haus lag fast am Ende einer Straße, die zu einem Moor in den Wicklow Hills führte. Es hatte bereits mehr als zwei Jahre leer gestanden, da sein damaliger Besitzer einzig an der auf dem Grundstück liegenden Sandgrube interessiert war. Nach zehn Wochen Schnee brachte plötzlich eintretendes Tauwetter zahlreiche Kadaver von Schafen zum Vorschein. Die Tiere waren den lebensfeindlichen Bedingungen der vergangenen Tage zum Opfer gefallen; die schlaueren hatten sich in das Cottage geflüchtet und überlebt. Patrick Scott machte den Besitzer in der Sandgrube ausfindig und kaufte ihm das Haus auf der Stelle für bescheidene 200 Pfund ab.

Ballynabrocky – das Wort stammt aus dem Gälischen und bedeutet »Reich der Dachse« – ist ein einfaches Bauernhaus aus grob gehauenem Granitstein mit Fenstereinfassungen, die auf ein

VARIATIONEN LÄNDLICHER IDYLLE

BALLYNABROCKY

OBEN: *Vor der blau gestrichenen Wand hinter dem Holzregal kommen die irischen Töpferwaren gut zur Geltung. Links neben dem Stuhl steht ein Behälter für Buttermesser, rechts davon sind ein Butterfaß und ein Mischgefäß zu sehen.*

LINKS: *Vor der erhaltenen ursprünglichen Treppe stehen ein sogenannter* famine chair *(ganz links) sowie ein* sugan chair. *Sammler Patrick Scott besitzt ein Gespür für seltene Funde: Gegen ein paar Aquarelle tauschte er das Mobiliar eines verfallenen Cottages ein. Der viktorianische* campaign chair *(Mitte) stammt sogar vom Sperrmüll.*

VARIATIONEN LÄNDLICHER IDYLLE

BALLYNABROCKY

Unten: *Dieses elegante Bettgestell entdeckte Patrick auf dem Weg nach Clonmel in der Grafschaft Tipperary und bewahrte es davor, als Teil eines Zauns oder Tors Verwendung zu finden.*

Rechts: *Die lange Scheune erhält vom Wintergarten aus Licht. Der Eßtisch wurde aus einer Tür gefertigt.*

Baudatum um 1830 schließen lassen. Dem typisch irischen Baustil auf dem Land entsprechend, wurden Stall und Scheune direkt ans Haus angebaut und erweitern auf diese Weise heute den eigentlichen Wohnraum.

Patrick Scott ist einer von Irlands bekanntesten Künstlern. Er widerstand der Versuchung, an der Südseite der Scheune, die ihm vorwiegend als Atelier dient, Fenster einzubauen, denn bei der Arbeit möchte er möglichst nicht durch den Blick nach draußen gestört werden. Statt dessen errichtete er neben der langen Scheune nach eigenem Entwurf einen Wintergarten aus Zedernholz; dieser fängt jeden kleinen Sonnenstrahl auf und gibt Licht und Wärme an die Scheune ab. Für die Arbeitspausen ist der Wintergarten ein idealer Ort, um von dort aus die Landschaft von Wicklow bei jedem Wetter zu genießen.

Statt Handwerker mit dem Umbau zu beauftragen, verrichtete Patrick Scott einen Großteil der Arbeit selbst. Innerhalb von zwei Jahren setzte er Fußböden und Decken instand und befreite die Wände von jahrhundertealten Rußspuren. Zudem erwies sich sein nächster Nachbar nicht nur als begeisterter Bauer, sondern auch als fähiger Handwerker.

Danach sei das Geld erst einmal knapp gewesen, erzählt er, so daß er die Einrichtung für das Haus »zusammensuchen« mußte. Fast sein gesamtes Mobiliar erstand er für einen Spottpreis auf Dubliner Märkten oder bei lokalen Auktionen und Ausverkäufen. Was in den 1960er Jahren mit einem Nippes-Sortiment begann, ist mittlerweile zu einer einzigartigen Sammlung ländlicher Möbelstücke und Gerätschaften geworden.

VARIATIONEN LÄNDLICHER IDYLLE

GOLA ISLAND

OBEN: *Das verlassene Inseldorf. Im Hintergrund Errigal, der höchste Berg von Ulster.*
LINKS: *Ein Schlafzimmer im oberen Stockwerk mit einer traditionellen Decke aus Nut- und Federbrettern.*

Vermutlich gestalten nicht viele Leute ihre Freizeit abenteuerlicher als der in Ulster geborene Architekt Nick Groves Raines und seine isländische Ehefrau und Geschäftspartnerin Limma. Wenn sie nicht in Edinburgh arbeiten, wo sie zwei wunderschöne alte Schlösser restauriert haben, zieht es sie nach Gola, einer 200 ha großen Insel vor der Küste von Donegal. Hier, mitten im stürmischen Atlantik, genießen sie ein Leben in völliger Abgeschiedenheit. Die Bewohner dieser einst prosperierenden Gemeinde verließen die Insel vor mehr als dreißig Jahren, um auf dem Festland ein komfortableres Leben zu führen.

Ihr Cottage kauften Nick und Limma in dem Jahr, in dem die letzten Einheimischen fortzogen. Die vollständige Erneuerung von Dach und Fußboden war mühsam, weil sämtliche Materialien – Bauholz, Beton und Schieferplatten – per Boot zur Insel gebracht und vom Pier aus mühsam zum Haus getragen werden mußten. Insgesamt verbrachten die beiden sechs aufeinanderfolgende Sommerferien mit der Renovierung.

Das Inselleben kann durchaus anstrengend sein. Trotz der kurzen Entfernung zum Festland – bei Ebbe sind es nur 1,5 km – ist die Überfahrt nicht ungefährlich. Bei schlechtem Wetter wird schon ein kleiner Einkauf zur Tortur. Doch sobald die Sonne zum Vorschein kommt und die mächtigen Berge von Donegal in goldenes Licht taucht, kann man sich kaum einen schöneren Ort auf Erden vorstellen. Im Westen der Insel, Richtung Atlantik, ragen imposante Granitklippen empor.

VARIATIONEN LÄNDLICHER IDYLLE

GOLA ISLAND

UNTEN: *Neben der Treppe hängt ein Foto der früheren Besitzer. Vor dem Krieg, als die Fischerei den Inselbewohnern zu etwas Wohlstand verhalf, diese aber kaum Möglichkeiten hatten, ihr Geld auszugeben, ersetzten sie die mit Grasdächern versehenen Katen ihrer Vorfahren durch solide, zweistöckige Häuser mit Schieferdächern und Holzfußböden. Die meisten wurden in den 1920er und 1930er Jahren errichtet.*

RECHTS: *Ein Kessel wird über einem Torffeuer erhitzt. Zusammen mit dem Haus erwarben Nick und Limma Raines etwa acht ha Weideland an verschiedenen Stellen der Insel sowie ein Stück Torfmoor, aus dem Nick den Torf auf althergebrachte Weise sticht und trocknet.*

VARIATIONEN LÄNDLICHER IDYLLE

KNOCKALAHARA

Links: *Das Schlafzimmer des Besitzers von Knockalahara vom Eßzimmer aus gesehen. Letzteres wurde drei Jahre nach der Renovierung des alten Cottages gebaut, das Schlafzimmer weitere drei Jahre später. Die bemalten Türen aus dem 18. Jahrhundert stammen aus Indien, wahrscheinlich aus Goa, und passen gut zu dem sanften Gelbton der Wände.*

Links: *Ein Meer von Blumen vor dem aus dem 17. Jahrhundert stammenden ursprünglichen Teil von Knockalahara. Ein Wildblumenexperte riet Gordon Watson, Margeriten- und Mohnblumensamen bei Vollmond nachts auszusäen und die Erde dann mit einer Schicht trockenen Sandes zu bedecken.*

Ein kleiner Trampelpfad, der sich den Berg hinaufschlängelt, ist typisch für das Ambiente von Knockalahara in der Grafschaft Waterford. Direkt unterhalb des Anwesens endet der Pfad. Gordon Watson, ein in London ansässiger Antiquitätenhändler, kaufte das reetgedeckte Cottage vor sieben Jahren während seines zweiten Irlandaufenthalts. Ein ganzes Wochenende lang war er im Westen von Cork auf der Suche gewesen, hatte die Landschaft dann aber doch als zu sehr den Naturgewalten ausgesetzt empfunden. Auf dem Heimweg fiel ihm die Anzeige eines Immobilienmaklers aus Youghal auf. Einer Intuition folgend, machte er sich auf den Weg dorthin und gab noch am gleichen Tag ein Angebot ab.

Trotz seiner Nähe zu der Stadt Waterford liegt das Cottage in einer der schönsten und doch am wenigsten bekannten Gegenden Irlands. Knockalahara bedeutet »Berghang«. Vom Haus aus erstreckt sich der Blick über die unverbaute ländliche Umgebung bis hin zu den geheimnisvollen, bläulich wirkenden Knockmealdown-Bergen. In diesem einstigen Adler- und Wolfsrevier soll um 1770 Irlands letzter Wolf erlegt worden sein. Im Mittelalter, vor der Siedlungspolitik der Elisabethanischen Ära, war Irland für seinen Export von Wolfsfellen berühmt. Da man glaubte, sie trügen jene menschlichen Seelen in sich, die sich dem von St. Patrick nach Irland gebrachten Evangelium widersetzten, wurden die bedauernswerten Tiere bis zu ihrer völligen Ausrottung gejagt.

Der Kern des ursprünglichen Bauernhauses stammt aus dem 17. Jahrhundert. In seinem Bestreben, die Wohnfläche zu vergrößern, machte Gordon Watson sich auf die Suche nach dem besten Bauarbeiter der Umgebung. Im örtlichen Pub wurden ihm stets die gleichen drei Namen genannt.

VARIATIONEN LÄNDLICHER IDYLLE

KNOCKALAHARA

Links: *Das Schlaf- und Wohnzimmer mit einem Kanapee aus Ebenholzimitat und Bücherregalen im französischen neoklassizistischen Stil. Den Metallrahmen des Bettes, das tagsüber zum Sofa umfunktioniert wird, fertigte ein ortsansässiger Schmied nach der Vorlage eines französischen Reisebettes an. Rechts unter dem Fenster stehen auf einer blau-gold bemalten skandinavischen Truhe aus dem späten 19. Jahrhundert zwei bronzene Wasserhähne in Schwanenform.*

Unten: *Detailansicht der Sitzecke im Eßzimmer. Die Läden an dem kleinen Fenster wurden mit Nantucket Blue bemalt, einer Farbe, die im örtlichen Haushaltsgeschäft angeboten wurde. Auf dem Sofa liegen marokkanische Satteldecken aus dem späten 19. Jahrhundert.*

VARIATIONEN LÄNDLICHER IDYLLE

KNOCKALAHARA

RECHTS: *Das Gästebad mit ockerfarbenen, kalkgetünchten Wänden und getäfelter Decke. Die Metallwanne ist ein Fund von einem Pariser Flohmarkt.*
UNTEN: *Das frühere Außengebäude mit dem reetgedeckten Dach aus dem 18. Jahrhundert dient heute als Gästezimmer. Die Bettdecke stammt aus Rajasthan (Indien), das hölzerne Kopfteil des Bettes von einem Antiquitätenhändler vor Ort, ursprünglich aber aus einer irischen Kirche.*

Einer der Männer war Engländer. Zunächst entschied Gordon sich »aus Scheu« für seinen Landsmann, doch dann brach dieser sich das Bein, so daß schließlich Pat, der mit seiner ausgesprochen lebenslustigen Frau Dolores im Ort wohnt, den Auftrag erhielt. Es war eine glückliche Wahl, denn beide Männer ergänzten sich hervorragend: »Pat verstand intuitiv, daß ich ein rustikales Cottage mit dem Flair des 18. Jahrhunderts wollte und keinen modernen Bungalow. Und genau so ist es geworden«, meint Gordon.

Pat und Gordon ließen den Charakter des Hauses unverändert, verbanden die Räume aber miteinander. Die ehemalige Werkstatt, die früher vom Haupthaus aus nicht zugänglich war, wurde zum Gästezimmer umfunktioniert und in das Hauptgebäude integriert. Das Eßzimmer mit seinen großen Verandatüren zum Garten hin kam drei Jahre später hinzu, Gordons kombiniertes Schlaf- und Wohnzimmer folgte weitere drei Jahre später. Die Wände beider Räume bestehen aus Ytongsteinen und sind mit einer Tünche aus Zement und Kalk überzogen, die auch für die Außenwände verwendet wurde. Als Städter mit einem gewissen Anspruch an Komfort bestand Gordon im Schlafzimmer auf einer Fußbodenheizung. Mit der Zeit perfektionierte Pat seine Kunst, unter einer dünnen Zementschicht Rohre in Schlangenlinien zu verlegen – das Ergebnis empfindet Gordon im Winter als ausgesprochen angenehm.

Bei der Innenausstattung machte sich die durchdachte Planung bezahlt: Gordon hatte eine maßstabgetreue Zeichnung der Zimmer angefertigt und das gewünschte Mobiliar aus Pappe ausgeschnitten. Er probierte so lange unterschiedliche Anordnungen aus, bis ihm alles optimal erschien. Und bis auf einen Tisch ist seitdem tatsächlich kein Möbelstück umgestellt worden.

VARIATIONEN LÄNDLICHER IDYLLE

CROAGHAN

OBEN: *Croaghan, vom Lough Swilly aus bei Ebbe aufgenommen. Das Haus gehörte früher vermutlich zur äußeren Befestigungsanlage von Stewart Castle.*
LINKS: *Durch die geöffneten, mit königsblauem Filz ausgekleideten Fensterläden, die das Haus im Winter wärmer halten, fällt der Blick auf den Lough Swilly. Die Decke auf dem marokkanischen Sofa wurde von McNutt aus Downings gefertigt, einem bekannten Tweedspezialisten, der Modeschöpfer in der ganzen Welt beliefert.*

Als ihn ein Freund dazu überredete, sich doch dieses »wunderbare kleine Cottage« am Lough Swilly einmal anzusehen, hegte der BBC-Moderator Sean Rafferty keinerlei Kaufabsichten. Doch der Anblick von Croaghan, direkt am Ufer des Meeresarms gelegen und in das Spiel ständig wechselnder Lichtverhältnisse getaucht, setzte sich in seiner Erinnerung so fest, daß er sich kurzentschlossen doch zum Kauf entschloß. Kurz danach stürzte das Dach ein. »Wenn man eine Entscheidung im romantischen Gefühlsrausch trifft, läßt man vorher doch kein Gutachten erstellen«, entgegnete Sean Rafferty damals seinen eher pragmatisch veranlagten Freunden.

Croaghan war vermutlich ein Ableger des in der Nähe gelegenen Stewart Castle und im 17. Jahrhundert zum Schutz der Besitztümer der Stewarts errichtet worden. Die dicken Mauern und die alte Steintreppe, die früher wohl außen am Cottage entlanglief, lassen auf Verteidigungszwecke schließen. In die Gegend am Lough Swilly kamen die Stewarts im 16. und 17. Jahrhundert im Zuge

VARIATIONEN LÄNDLICHER IDYLLE

CROAGHAN

RECHTS: *Blick in den Wintergarten von einem ehemaligen Außenfenster aus, das bei Partys zuweilen als Durchreiche genutzt wird. In den blauen Gläsern aus Ägypten und den türkisfarbenen aus Biot in der Provence bricht sich das Licht. Über allem wacht an einem indischen Kerzenhalter die Silhouette eines Tigers.*

eines Ulster-Besiedlungsplans. Damals wurden im Auftrag der englischen Regierung Grundstücke der Iren beschlagnahmt und englischen und schottischen Siedlern zur Verfügung gestellt. »Aus Schottland kamen viele und aus England nicht wenige«, beschrieb Andrew Stewart zynisch das Vorgehen seiner Landsmänner, »und vorwiegend war es der Abschaum beider Nationen – Schuldner und Gesetzesbrecher, die der Gerechtigkeit zu entfliehen suchten. Sie alle kamen in ein Land, das bis dato eigentlich nichts anderes besaß als Gottesfurcht.« Im frühen 19. Jahrhundert fiel das Cottage in den Besitz der höheren Gesellschaft. In den 1930er Jahren diente es als Quartier bei Entenjagden. Nur einen Steinwurf entfernt in der entgegengesetzten Richtung zum Schloß liegt das alte Fährhaus, von wo aus die Fähre früher ablegte, um Vieh und andere Produkte über den Meeresarm nach Derry zu bringen. Heute, 350 Jahre später, sind die Stewarts noch immer vor Ort präsent: Sir Alan, Schiffsbauer, wohnt in der Nähe von Ramelton, und sein Sohn Lindsay baute für Sean Raffertys Cottage einen Tisch.

OBEN: *Sean baute den Wintergarten an, um mehr Platz zu schaffen. »Das Essen ist ein viel größerer Genuß, wenn man dabei das Spiel des Lichts auf dem Wasser betrachtet«, meint er. Das Hellblau wählte er, »weil es bei gutem Wetter in die Farbe des Himmels übergeht und sich an einem Regentag schön von dem Grau abhebt«.*

LINKS: *Die Anrichte wurde vom ortsansässigen Schreiner aus einem alten Eichensideboard gebaut und steht auf zwei Füßen eines ausrangierten Klaviers. Auf den blauen Regalbrettern ist eine bunte Mischung verschiedener Töpferwaren zu sehen.*

5. RESTAURIERUNG

UND ERNEUERUNG

RESTAURIERUNG UND ERNEUERUNG

CAPARD

Links: *Blick vom Flur mit seinem schachbrettartig gemusterten Marmorfußboden ins Eßzimmer. Vor der violetten Tapete mit handgedrucktem goldenem Muster, das dem Bezug eines Empirestuhls nachempfunden wurde, sind irische Porträts aus dem 18. Jahrhundert zu sehen. Über dem Mahagonitisch und den -stühlen aus der Zeit Wilhelms IV. hängt ein Kristallleuchter im Regency-Stil.*

Links: *Von seiner Anhöhe aus bietet Capard einen ausgedehnten Blick über eine sanfte Hügellandschaft. Das Haus wurde 1798 erbaut. In dem kleinen Anbau rechts am Haus befinden sich heute Gästezimmer.*

Capard thront auf einer Anhöhe am Rande der Slieve Bloom Mountains in der Grafschaft Laois. Schon bei der ersten Begegnung wußte Tom Dobson, daß dies das richtige Haus für ihn war. »Von außen wirkt Capard zwar gigantisch, innen aber herrscht eine gemütliche Atmosphäre, mit gut dimensionierten und nicht zu großen Zimmern.« Ein weiterer Vorteil für Dobson, der ein Domizil auf dem Land suchte: Capard befindet sich höchstens eine Autostunde von Dublin entfernt, wo er im Antiquitätengewerbe tätig ist. Der herrliche Ausblick über die sanfte Hügellandschaft war ein weiterer Pluspunkt.

Capard wurde 1798 für einen gewissen John Piggott auf dem Grundstück eines zuvor abgerissenen, mit Türmen und Zinnen bewehrten Hauses erbaut; ursprünglich hatte auf dem Grundstück ein Wohnturm gestanden, der 1738 abgebrannt war. 200 Menschen stellte Piggot für die Bauarbeiten ein. Darüber hinaus realisierte er auf seinem Grundstück einen ausgesprochen gut durchdachten Pflanzplan, zu dem Eichen, Buchen, Linden und Mammutbäume gehörten. Viele dieser Bäume stehen noch heute.

Als Tom Dobson das Haus entdeckte, befand es sich in einem vernachlässigten Zustand; die Fensterläden waren seit Jahren nicht mehr geöffnet worden. Bewohnt wurde es lediglich von zwei älteren Hausangestellten, Maggie und Eddie Kenny, dessen Vater bis zu seinem Tod 1967 als Butler in Capard tätig gewesen war. Die Bediensteten, beide inzwischen Mitte achtzig, waren einst auf dem Anwesen zur Schule gegangen und haben seitdem hier gearbeitet. Noch heute sorgen sie im Haus für eine warme, freundliche Atmosphäre. Wenn Tom abends nach Hause kommt und keine Gäste erwartet werden, kochen und essen die drei häufig zusammen.

RESTAURIERUNG UND ERNEUERUNG

CAPARD

RECHTS: *Der gelbe Salon, einst der* laundry-room. *Der Parkettfußboden aus Mahagoni- und Eichenholz stammt vom Bauhof. Über vergoldeten Tischen mit irischen Marmorinkrustationen hängen zwei ovale, vergoldete Spiegel aus dem 18. Jahrhundert. Die 7,5 m lange Gardinenstange im Regency-Stil stammt aus einem Haus in Carlow.*

UNTEN: *Im leuchtendrot gestalteten Eßzimmer finden gemütliche Abendessen im kleinen Kreis statt. Über dem irischen Sideboard hängen ein vergoldeter chinesischer Chippendale-Spiegel und einige ovale Pastelle aus dem 18. Jahrhundert. Der Tisch ist mit italienischem Geschirr, französischem Besteck und irischen Waterford-Kristallgläsern gedeckt.*

OBEN: *Im blauen Eßzimmer des Gästeflügels befindet sich eine 1750 gebaute Marmorfeuerstelle aus Kilkenny. Der an den Seiten ausziehbare, ovale Tisch aus dem 18. Jahrhundert wird als irischer »Jagdtisch« oder aber als »Sargtisch« bezeichnet – je nachdem, ob man darauf beim Jagdimbiß die Getränke oder bei der Totenwache den Sarg stellte.*

Die notwendige Restaurierung des Hauses hätte die meisten potentiellen Käufer damals wohl eher abgeschreckt. Tom dagegen sah darin eine Herausforderung. Seine Begeisterung ließ ihn die unvermeidlichen Rückschläge schnell vergessen. Nachdem der Hauptteil des Hauses wieder instand gesetzt war, richtete er in der ehemaligen Waschküche, im Stall und in den Lagerräumen Gästezimmer ein.

Die Innenausstattung stellt eine stilsichere Inszenierung dar. Tom Dobson hat hohe Ansprüche und nimmt es mit deren Umsetzung sehr genau; bei der Wahl der Farben könnte man ihn fast als pedantisch bezeichnen. Sieben Versuche wurden von einem »äußerst geduldigen Anstreicher« unternommen, bis Tom mit dem warmen Blau im Eßzimmer des Gästeflügels zufrieden war. Die helle, freundliche Atmosphäre des traditionell im Sommer genutzten Salons wird durch einen Gelbton erzeugt, der dem Gelb in der Darstellung eines Bacchanals nach Poussin nachempfunden wurde; das Bild hängt über dem Kaminsims im gleichen Zimmer. Am ungewöhnlichsten ist die Entste-

hungsgeschichte der Eßzimmertapete. »Das handgedruckte Muster ist dem grünen Bezug eines Empirestuhls nachempfunden«, erzählt Tom. »Doch mir schwebte dafür ein königliches Lila vor. Die richtige Farbe entdeckte ich in einem Jade-Katalog des Auktionshauses Christies in Hongkong.« Erst jetzt wurden die Druckstöcke von Hand angefertigt und die Tapete in Auftrag gegeben.

Mittlerweile hat sich Tom mit seiner unerschöpflichen Energie auch dem Grundstück zugewandt. Der Stall für die fünf Pferde, mit denen Tom und seine Gäste in den Slieve Bloom Mountains ausreiten, erhielt ein neues Dach. Der ehedem von John Piggott angelegte Ziergarten wurde vergrößert. Und in der ursprünglichen, von Mauern umgebenen Anlage nimmt ein traditioneller Rosengarten allmählich Formen an. Am Ende eines in den 1730er Jahren gebauten Kanals entsteht ein Tempel, der den mit einem Giebeldreieck und ionischen Säulen versehenen Vorbau des Hauses widerspiegelt. Mit der Renovierung Capards ist Tom jedoch keineswegs ausgelastet: Erst kürzlich hat er in der Nähe eine alte, im Palladio-Stil errichtete Villa vor dem völligen Verfall bewahrt.

OBEN: *Blick vom Flur des Gästeflügels durch den Salon ins blaue Eßzimmer. Die Türfutter wurden aus einem Dubliner Haus aus dem 18. Jahrhundert gerettet. Im Salon stehen rechts an der Wand zwei irische Sofas mit vergoldetem Holzwerk, an der Stirnseite befindet sich eine irische Feuerstelle mit Marmorinkrustationen.*

RESTAURIERUNG UND ERNEUERUNG

ARLANDS INCH

OBEN: *Arlands Inch von der Brücke in Thomastown aus gesehen. Die Mühle wurde zwar schon im Mittelalter erbaut, ihr jetziges Aussehen erhielt sie aber vermutlich erst im 18. Jahrhundert. 1994 erwarb sie das Ehepaar Somerville-Large.*
LINKS: *Der Flur mit seinem schachbrettartig gemusterten Holzfußboden. An der Wand hängen links ein Stich mit einem geschossenen Vogel von Edouard Travies und rechts ein tibetischer Thanka, eine buddhistische Meditationshilfe.*

Früher waren am Nore in Thomastown in der Grafschaft Kilkenny ein halbes Dutzend Mühlen in Betrieb. Nach Gründung der Stadt im 13. Jahrhundert durch den normannischen Ritter Thomas FitzAnthony entwickelten sich die Mühlbetriebe zum wichtigsten Industriefaktor der Region. Das fortwährende Drehen der Mühlräder muß seinerzeit den Eindruck erweckt haben, als sollte es für alle Zeit Bestand haben. Heutzutage dienen die Mühlen jedoch anderen Zwecken: In einer befindet sich ein Kunstgewerbezentrum, in einer anderen eine Galerie. Arlands Inch, ebenfalls eine Mühle mit mittelalterlichen Fundamenten, wurde als Verwaltungssitz eines Unternehmens genutzt, das Zentralheizungen produzierte und zum Wohle der Nachbewohner eines seiner segensreichen Produkte zurückließ, als es sich für einen neuen Standort entschied. Später war die Mühle ein internationales Zentrum für russische darstellende Kunst.

Heute ist Arlands Inch der Wohnsitz der beiden Autoren Peter und Gillian Somerville-Large. Peter, der mit der irischen Romanschriftstellerin und Illustratorin Edith Somerville verwandt ist, hat mittlerweile nicht nur zehn Bücher über Irland verfaßt, sondern auch einige über seine Reisen durch Nepal, Tibet, Afghanistan und den Nahen Osten.

RESTAURIERUNG UND ERNEUERUNG

ARLANDS INCH

RECHTS: *Die Galerie erstreckt sich über die gesamte Längsseite der Mühle. Den Fußboden hat Peter Somerville-Large bemalt. Das Schiffsmodell links zeigt ein Fischerboot aus Galway. An der Stirnseite hängen zwei chinesische Wandteppiche, die aus dem belagerten Peking zur Zeit des Boxeraufstandes von 1900 nach Irland gelangten.*

UNTEN: *Blick aus dem Salon auf das Treppenhaus. Um den Zimmern mehr Höhe zu verleihen, wurde ein Boden herausgenommen. Die neapolitanische Szene über der Doppeltür soll eine königstreue Dame, die mit Peters Familie in Cork lebte, bei ihrer Flucht aus Frankreich mitgebracht haben.*

OBEN: *Trotz der Zentralheizung in der Mühle brennt der Wellington-Ofen den gesamten Winter hindurch. Das Bücherregal stammt aus lokaler Fertigung.*

RECHTS: *Auf dem großen, rustikalen Tisch im Eßzimmer liegt ein Kelim. Der bedruckte Lederwandschirm stammt aus Abbeyleix House in der Grafschaft Laois. Die Deckenbalken sind mit zwei geschnitzten Holzplatten verziert – eine stammt aus Dublin und zeigt ein Eichenmotiv, die andere, eine bemalte Schnitzerei, gehört zu einer russischen Ikonostase (Bilderwand).*

Bevor sie Arlands Inch kauften, hatten die Somerville-Larges bereits in zahlreichen anderen Häusern gewohnt. Für Arlands Inch sprach das unaufhörliche Plätschern des Wassers, die über die Wehre springenden Lachse, vor allem aber der majestätisch dahinfließende River Nore. Wer eine Mühle bewohnt, dem ist Stillstand ein Fremdwort, wird er doch beständig mit den durch Wasser und Wetter bedingten Veränderungen konfrontiert.

Mit den Jahren hat sich in Arlands Inch ein bunt zusammengewürfeltes Konglomerat von Einrichtungsgegenständen angesammelt – zum Teil sind es Erbstücke, zum Teil Mitbringsel von den Reisen der Somerville-Larges, die ein natürliches Gespür für die optimale Anordnung des Interieurs vor den relativ großen weißen Wandflächen unter Beweis gestellt haben.

In der gesamten Region stößt man auf normannische Spuren. Vom Schlafzimmer im Osten blickt man über Wasser und Wiesen zur Stadt mit ihrer mittelalterlichen Stadtmauer, ihren verfallenen Türmen und einer gewölbten Brücke, die zum Schloß führt. Sichtbar sind auch die Überreste eines anderen Schlosses, das Thomas FitzAnthony auf einer prähistorischen Stätte hatte errichten lassen. Südlich des Flusses, und gerade außer Sichtweite, befinden sich die Ruinen der Zisterzienserabtei von Jerpoint.

An lauen Sommerabenden lehnt man sich am besten mit einem Glas in der Hand auf dem Balkon zurück und betrachtet Fluß und Vögel – Reiher, Schwalben, Tauchenten und Kormorane. Zuweilen gibt sich auch ein Eisvogel die Ehre. Für die Schwäne steht immer etwas Brot bereit. Gelegentlich legt ein Fischer eine Forelle vor die Tür. Und wenn ein Lachs gefangen wurde, spricht die ganze Gegend darüber.

OBEN: *Ein französischer Schrank aus dem 18. Jahrhundert, flankiert von zwei mit Ornamenten bemalten Stühlen. Dahinter ein armenischer Wandteppich vom Vansee im Osten Anatoliens.*

RESTAURIERUNG UND ERNEUERUNG

PREHEN

OBEN: *Teile von Prehen wurden schon in den 1640er Jahren erbaut. Hoch über dem Fluß Foyle mit Blick über Derry gelegen, war das Haus wahrscheinlich Zeuge vieler Unruhen. Die Fassade aus dem 18. Jahrhundert wird durch schöne Fenster mit einer rustikalen Einfassung und eine Tür mit Giebeldreieck geprägt.*
LINKS: *Die Fresken im Eßzimmer wurden von Carola Peck anläßlich einer Party aufgebracht. Darunter ein irischer Beistelltisch aus Mahagoniholz.*

Das alte Knox-Haus war vollkommen baufällig. Als ich die Tür aufstieß, fiel sie beinahe aus den Angeln. Der Fußboden war an mehreren Stellen herausgerissen, und nur riesige Löcher ließen erahnen, wo sich einst die herrlichen Feuerstellen befanden. Von den wunderschönen Decken aus dem 18. Jahrhundert waren nur noch kahle Dachsparren geblieben.« So beschrieb Hugh McVeigh seinen Besuch in Prehen. Als Kind hatte er im umliegenden Wald Blumen gepflückt, während sein Vater ihm Geschichten über das einstige Herrenhaus erzählte.

Prehen wurde Mitte des 18. Jahrhunderts nur einen Steinwurf von der Stadt Derry entfernt erbaut. Ein Teil des Gebäudekomplexes von Prehen war jedoch schon während der Herrschaft Karls I. im 17. Jahrhundert errichtet worden. Während der Belagerung von Derry im Jahre 1689, als die Protestanten die Stadttore verschlossen und sich mehr als hundert Tage den Truppen des katholischen Königs Jakob II. widersetzten, sollen irreguläre Truppen Jakobs die Holztäfelungen

RESTAURIERUNG UND ERNEUERUNG

PREHEN

RECHTS: *Die Hochzeit von Isaak und Rebekka nach Claude Lorraine* hängt über einem vergoldeten, mit Schnitzereien verzierten Schrank, der zum Pondicherry-Mobiliar von Castletown (S. 17) gehörte.

UNTEN: *Blick vom Saal zum Treppenabsatz. Das Pfauenblau wurde dem chinesischen Zimmer in Carton in der Grafschaft Kildare nachempfunden. Die ovalen, zeitgenössischen Bilderrahmen zeigen Wilhelm von Oranien (links) und seinen Freund, den Herzog von Portland (rechts).*

aus Prehen entfernt haben, um sie als Feuerholz zu verwenden. Zu dieser Zeit gehörte das Haus Alderman Tomkins, der es von seiner Familie geerbt hatte. Durch die 1740 geschlossene Ehe zwischen seiner Enkelin Honoria und dem Parlamentsabgeordneten Oberst Andrew Knox ging das Anwesen in den Besitz der Familie Knox über. Mary Ann, die einzige Tochter des Oberst, erlangte tragische Berühmtheit, als sie in ihrer Kutsche von ihrem Verehrer John MacNaughton erschossen wurde, nachdem sie dessen Heiratsantrag abgelehnt hatte. Als der Mörder gehängt werden sollte, riß das Seil, so daß ein zweiter Versuch unternommen werden mußte. Bis heute wird hier in der Gegend vom »halb gehängten MacNaughton« gesprochen.

1910 erbte der Preuße Georg von Scheffler Prehen von seinem Großvater mütterlicherseits, Oberstleutnant George Knox. Von Scheffler liebte das Haus und wollte dort leben; er fügte den Namen Knox sogar seinem eigenen Nachnamen hinzu. Doch mit Ausbruch des Ersten Weltkriegs wurde Prehen von der britischen Regierung als feindlicher Grundbesitz annektiert und versteigert.

OBEN: *Häuser aus der Zeit Karls I. besaßen im Obergeschoß vor den Schlafzimmern üblicherweise wie hier einen Vorraum. Das Bett stammt aus Schloß Ardgillan in der Grafschaft Dublin. Über dem vergoldeten Tisch im Vordergrund hängt ein Porträt von Jakob II. Rechts ein Teil eines geschnitzten Wandschirms.*

RESTAURIERUNG UND ERNEUERUNG

PREHEN

RECHTS: *Vor den mit vergoldeter Ornamentik geschmückten Bücherregalen in der Bibliothek steht ein irischer Mahagonitisch. Der Lederwandschirm wurde aus Wandverkleidungen der Abtei Shelton, Grafschaft Wicklow, aus dem 17. Jahrhundert gefertigt.*
UNTEN: *Holländische Möbel mit filigranen Einlegearbeiten im Gästezimmer.*

Obwohl er sein Erbe nicht antreten konnte, blieb Irland für von Scheffler Zeit seines Lebens seine eigentliche Heimat; bei seiner Einäscherung in Hamburg wurde »Come Back to Erin« gespielt, und seine Asche wurde später zur Bestattung nach Derry gebracht.

Der jetzige Besitzer, Julian Peck, ist ein Nachkomme eines anderen Zweigs der Knox-Familie aus Ulster. Als er und seine Frau Carola Prehen im Jahre 1971 erwarben, hatten die gewalttätigen Auseinandersetzungen in Nordirland einen ihrer Höhepunkte erreicht. Allein der Denkmalschutz hatte das Gebäude vor dem Abriß bewahrt. Bis auf 180 m von der Haustür entfernt waren neue Häuser entstanden. Mit heldenhaftem Engagement widmeten sich die Pecks fortan der Renovierung und entfernten Schicht um Schicht alte Farbe von den Wänden. In Zimmern mit Stuckverzierungen wurden die Wände einfach weiß gestrichen. In anderen Zimmern kamen kräftige georgianische Farben zum Einsatz, was auf den Einfluß von Mariga Guinness von Castletown und Leixlip Castle zurückzuführen ist (S. 17 und 43).

OBEN: *Der Kontrast der Komplementärfarben Rotorange und Blaugrün im Empire-Schlafzimmer bewirkt einen besonders augenfälligen Effekt. Rechts des Empirebettes hängt ein französischer Farbstich aus den 1820er Jahren an der Wand. Auch alle übrigen Möbelstücke und Kunstgegenstände in diesem Zimmer stammen aus dieser Epoche.*

RESTAURIERUNG UND ERNEUERUNG

FEDANY

OBEN: *Die in den 1870er Jahren errichtete Schule mit dem später angebauten Lehrerhaus (rechts).*
LINKS: *In Fedany ist die Küche, der Eßplatz sowie der Wohnbereich im früheren Klassenzimmer untergebracht. Im Vordergrund steht ein Spieltisch aus dem 18. Jahrhundert. Die Aquarelle rechts des Kaminvorsprungs wurden von der Gouvernante der Grafen von Leitrim im 19. Jahrhundert gemalt und zeigen Landschaften in Donegal.*

Fedanys bescheidene Fassade verrät nicht viel von der stimmungsvollen Atmosphäre, die den Besucher im Inneren erwartet. Wenn man die Türschwelle dieses grauen Steingebäudes mit dem schwarzen Schieferdach überschreitet, ist man im allgemeinen überrascht: Der Hauptwohnraum wirkt riesig, und das gesamte Interieur vermittelt den Eindruck, mit Bedacht ausgewählt worden zu sein. Alles harmoniert miteinander, nichts erregt Mißfallen – Ruhe und Beschaulichkeit strahlen die Räume aus, eine Stimmung, die durch das warme, diffuse Licht verstärkt wird. Man versteht sofort, warum die in London tätige Innenarchitektin Amanda Douglas von Anfang an fasziniert war. Im Auftrag von Kunden war sie mehr als ein Jahr lang intensiv auf der Suche nach einem kleinen, renovierungsbedürftigen Haus auf dem Land gewesen, bis sie tief im ländlichen Cork schließlich fündig wurde.

Das ruhige, abgeschiedene Fleckchen an einem Bach liegt inmitten einer äußerst reizvollen Umgebung in einer Talsenke zwischen zwei Bauernhöfen und ist von hügeligem Weideland mit Schafen und Kühen umgeben. P. W. Joyces *Irish Names of Places* (1875) zufolge stammt der Name

OBEN: *Blick vom oberen Treppenabsatz ins Bad. Auf einem irischen Tisch aus dem 19. Jahrhundert stehen eine Gipsstatuette der Blumengöttin Flora und eine römische Büste. Bei dem Porträt rechts von der Tür wurde der elegante, schmeichelnde Stil des Malers George Romney imitiert.*

Fedany von dem gälischen Begriff *feadánach* ab, was so viel bedeutet wie »Ort am Bach«. Die einstige Schule wurde im späten 19. Jahrhundert für die protestantischen Kinder erbaut, deren Väter aus Cornwall angeworben worden waren, um in der inzwischen stillgelegten Kupfermine zu arbeiten. An einer Seite wurde später ein zweistöckiges Gebäude für den Dorflehrer hinzugefügt.

Als Amanda Douglas das Anwesen entdeckte, hatte das Haus 36 Jahre leergestanden und befand sich in einem bedauernswerten Zustand. Die Außenwände wurden von dichtem Brombeergestrüpp verdeckt, und auch innen sah es nicht viel besser aus. Im Erdgeschoß des Lehrerhauses befanden sich die ehemaligen Toilettenkabinen, zum Obergeschoß gelangte man nur über eine wackelige Leiter vom heutigen Arbeitszimmer aus. Nichtsdestotrotz war Amanda Douglas von der Größe des Klassenzimmers begeistert und erkannte sofort sein Potential – obwohl die Wände in einem gräßlichen Grellorange gestrichen waren und in der Mitte ein alter Holzofen stand. »Trotz seines erbärmlichen Zustands strahlte der Raum eine wunderbare Atmosphäre aus«, meint sie. Das offene Pfettendach war ebenso unversehrt wie die Nut-und-Feder-Täfelung im Inneren. Die begrenzten finanziellen Mittel ihrer Kunden im Blick, erkannte Amanda, daß daraus etwas Besonderes zu machen wäre, ohne hohe Unterhaltungskosten nach sich zu ziehen. Die Bauarbeiten waren nach nur sechs Monaten abgeschlossen. Aus Kostengründen beauftragten die Kunden keinen Architekten, sondern überließen die Ausführung einem ortsansässigen Bauarbeiter, der unter Amandas Aufsicht seine Arbeit verrichtete.

Zusammen mit Landschaftsgärtner Robert Myerscough entwarf sie auch den Garten. Der warme Golfstrom schafft hier ein frostfreies Mikroklima, in dem sogar exotische subtropische

RESTAURIERUNG UND ERNEUERUNG

FEDANY

OBEN: *Im Gästezimmer steht ein von Amanda Douglas entdecktes Messingbett aus der Zeit des ausgehenden 19. Jahrhunderts mit einer türkisch gemusterten Bettdecke und einem antiken Vorhang.*

OBEN LINKS: *Über dem viktorianischen Kaminsims, auf dem rechts und links je eine Staffordshire-Porzellanfigur steht, hängt das Porträt einer jungen Dame in einem ovalen, vergoldeten Rahmen. Die Feuerstelle wird von einem alten, dekorativen Ofenschirm verdeckt.*

Pflanzen wachsen, z. B. Palmen, Baumfarne und riesige Bambussträucher. Der Lauf des Baches wurde auf das Gelände umgeleitet, so daß im wildwüchsigen Teil des Gartens auch zahlreiche seltene Wasserpflanzen gedeihen. Ums Haus herum wurde eine Buchenhecke angelegt, die inzwischen recht hoch gewachsen ist und für mehr Abgeschiedenheit sorgt.

Das zwölf Meter lange Klassenzimmer stellte in der Tat eine Herausforderung dar. Schnell wurde der Entschluß gefaßt, daß Kochen, Essen und Entspannen im selben Raum stattfinden sollten. »Wer wird schon gerne in die Küche verbannt, während die anderen gemütlich beisammensitzen?« meint Amanda Douglas. »Bei unserer Lösung sind diejenigen, die kochen, immer mit dabei.« Die Küche befindet sich an der Fensterseite, der Eßbereich in der Mitte und der Wohnbereich mit Feuerstelle am entgegengesetzten Ende. In der Küche nimmt eine Arbeitsplatte aus Buchenholz die gesamte Stirnseite ein. In der Mitte steht der Küchenherd, rechts und links wurden Holzschränke und -schubladen eingebaut und weiß gestrichen.

Zusammen mit der gut durchdachten Anordnung von Möbeln und Stoffen strahlt die klare Struktur des Raums Eleganz und Behaglichkeit aus. Die zarten Farben der Wände und die passenden Bilder intensivieren diesen Eindruck. Blau-weiß karierte Vorhänge ersetzen die Kassetten in den Türen der Kücheneinbauschränke. Der gleiche Stoff wurde im traditionell irischen Cottage-Stil am unteren Regalbrett verwendet, um die dahinter befindliche Neonröhre zu verdecken. Die Farben wiederholen sich in den gestreiften Vorhängen, den Sofas und den Sitzkissen der Küchenstühle, bei denen der Stoff auf links gedreht wurde, um die Farben etwas blasser und zurückhaltender erscheinen zu lassen. Die Kombination aus irischen Möbeln und Gemälden, rie-

RESTAURIERUNG UND ERNEUERUNG

FEDANY

RECHTS: *Das ehemalige Klassenzimmer mit Blick in den Küchenbereich.*
UNTEN: *Über dem massiven irischen Tisch aus dem 18. Jahrhundert hängen zwei Porträts aus dem frühen 19. Jahrhundert.*

sigen Vasen mit Blumen, Schüsseln mit verschiedenem Inhalt und zahllosen Büchern erzeugt jene besondere, schwer definierbare Atmosphäre von Behaglichkeit und Zeitlosigkeit, die für irische Landhäuser so typisch ist.

Ein ähnliches Haus – Rossanagh in der Grafschaft Wicklow, das Elternhaus von Amandas Großtante – hat die Vorlieben der Innenarchitektin geprägt. »Rossanagh übte einen starken Einfluß auf mich aus«, erinnert sie sich an die Besuche in ihrer Kindheit. »Es war herrlich groß und das gesamte Mobiliar bunt zusammengewürfelt: Unmengen von Büchern und Blumen und verblichenem Chintz. Alles wirkte viel chaotischer und gemütlicher als in einem englischen Landhaus.«

Zur Innenarchitektur kam sie übrigens durch Mariga Guinness, mit der sie in Castletown (S. 17) für die Irisch-Georgianische Gesellschaft zusammenarbeitete: »Zum ersten Mal sah ich, wie jemand alles von Grund auf neu anordnete; und stets war sie bestrebt, daß es am Ende ›dieses gewisse Etwas‹ hat.«

RESTAURIERUNG UND ERNEUERUNG

CORKE LODGE

Links: *Blick vom Salon durch den Flur ins Eßzimmer. Die weiß gestrichenen Fußböden und die zarten Farbtöne erzeugen eine helle und geräumige Atmosphäre. Das Konsoltischchen, einer von Alfred Cochranes »tiergestaltigen« Entwürfen, steht vor dem Panorama-Wandgemälde einer fiktiven Mittelmeerlandschaft.*

Links: *Corke Lodge, 1840 von James Shiel erbaut, vereint zwei unterschiedliche Stilformen: Die vordere Fassade ist schlicht klassizistisch, die hintere romantisch-neugotisch. Diese Verspieltheit kommt dem jetzigen Besitzer, dem Architekten und Designer Alfred Cochrane, sehr entgegen – er hat einen Sinn für postmodernen Eklektizismus.*

Corke Lodge in der Nähe des Badeortes Bray in der Grafschaft Wicklow ist eine architektonische Provokation. Zur Vorderseite präsentiert sich das Gebäude mit einer eleganten, fast schon strengen klassizistischen Fassade. Die private, zum Garten hin gelegene Seite hingegen besitzt ein romantisches, neugotisches Äußeres – betont durch Stechpalmen, Eiben, einen Korkbaum und andere immergrüne Pflanzen, die sich bis an den Waldrand hin ausbreiten. Die gleiche Zweiteilung findet sich im Inneren wieder: Die vorderen Räume mit ihren hohen Decken sind klassizistisch geprägt, während man an der Gartenseite gotisch gestaltete Fenster und Feuerstellen findet.

Das Haus wurde um 1840 von Louisa Mangan, einer der reichsten Frauen Irlands, auf der Brandruine eines früheren Landhauses erbaut. Der Entwurf von James Shiel, Irlands exklusivstem Regency-Architekten, war eine geistreiche Antwort auf den Streit zwischen Anhängern des Klassizismus und der Neugotik – indem er einfach die Vorzüge beider Richtungen miteinander vereinte. Es darf jedoch bezweifelt werden, daß die darauffolgende Besitzerin, Louisas Tochter Georgina Augusta, jemals Freude an dem ausgefallenen architektonischen Geschmack ihrer Mutter fand. Am Vorabend ihrer Hochzeit von ihrem Verlobten sitzengelassen, zog sich die begehrteste Erbin Irlands auf ihre Ländereien in der Grafschaft Westmeath zurück und wurde in Dublin oder Bray nie wieder gesehen. Die berühmte Einsiedlerin soll übrigens das Vorbild für Miss Haversham in Charles Dickens' Roman *Große Erwartungen* gewesen sein.

Nach ihrem Tod im Jahre 1905 wurde das Anwesen von Sir Stanley Cochrane gekauft, dem Nachbarn und Großonkel des heutigen Besitzers, des Architekten und Designers Alfred Cochrane.

OBEN: Über dem von James Shiel entworfenen Kaminsims hängt ein romantisch-neugotisches Landschaftsbild von Francis Krause aus den 1870er Jahren. Alfred Cochrane erwarb die Messing-Gardinenstangen eigentlich für ein Himmelbett, verwendete sie dann aber zum Verzieren seiner Kleiderschränke.

RECHTS: Über die Bibliothek sagt Alfred Cochrane: »Die vier Alkoven erhielten geschnitzte Eicheneinfassungen im irisch-romanischen Stil der 1850er Jahre.« Die Schnitzereien aus dem 17. Jahrhundert stammen aus Nordeuropa.

Seit dieser Zeit ist es Teil des Woodbrook-Grundstücks, das heute Alfreds älterem Bruder Sir Marc gehört. Als Zweithaus der Familie wurde es ziemlich vernachlässigt und nur genutzt, um Gäste oder verwitwete Tanten einzuquartieren. Während der Blütezeit der berühmten Ardmore Studios in Bray in den 1950er Jahren wohnten hier aber auch illustre Gäste wie die Schauspielerinnen Geraldine FitzGerald und Katharine Hepburn.

Als Alfred Cochrane Corke Lodge 1979 erbte, begann er sofort mit der dringend nötigen Renovierung. »Ein Großteil des gotischen Dekors war schon verrottet«, erzählt er. »Ich beschloß, es durch ähnliche Granitelemente zu ersetzen, die ich vom Glendalough House in der Nähe erhielt – das gotische Herrenhaus wurde gerade abgerissen. Es blieben so viele Steine übrig, daß ich der Versuchung nicht widerstehen konnte, die Gartenfront zu erweitern. Und so errichtete ich einen Wintergarten und einen Schuppen, in dem Holz gelagert wird. In den Wintergarten flüchten bei einem plötzlichen Gewitter während einer Gartenparty die Gäste, um dort weiterzufeiern.«

Bei der Innenrestaurierung hat Cochrane das Konzept von James Shiel berücksichtigt, ohne sich jedoch sklavisch an die Originalvorlage zu halten. Das Erdgeschoß wurde komplett neu gestaltet. Nach der Versetzung des ursprünglichen, vom Hausschwamm befallenen Treppenhauses entstand eine optische Achse von der Haustür bis in den Garten. »Das neue Treppenhaus mit Spiegeln und blauen Säulen ist eine postmoderne Hommage an die klassizistischen Elemente, die durch die Marmorstatue eines tanzenden Fauns aus dem 18. Jahrhundert verkörpert werden«, meint Cochrane. »Aus dem vorderen Wohnzimmer wurde eine italienische Loggia mit echten Pilastern und Trompe-l'œil-Pflanzen.«

OBEN: *Der Entwurf für sein auf einem Podest errichtetes Bett – so Alfred Cochrane – »entstand nicht aus Größenwahn. Ich wollte nur dem Luftzug ausweichen, der von der offenen Feuerstelle ausgeht«. Seine Initiale über dem Bett findet sich spiegelverkehrt auf der Bettdecke wieder. Das Zimmer folgt gestalterisch insgesamt einem mittelalterlichen Thema, die Schränke links und rechts des Kamins wirken wie Wandschirme.*

RESTAURIERUNG
UND ERNEUERUNG

CORKE LODGE

OBEN: *Ein Großteil des modernen Mobiliars hat Alfred Cochrane selbst entworfen. Sein babylonischer Löwenstuhl ist ein Prototyp für die mit Blattgold überzogenen Stahlobjekte, die er auch für seine Equus-Lampe auf dem Tisch verwendete.*

RECHTS: *Die großen Fenster zu beiden Seiten des Kaminvorsprungs bringen den Garten in den italienischen Salon. Die exotische Wirkung wird durch die Bambussträucher und Palmen im Zimmer zusätzlich betont. Über dem Kaminsims hängen mehrere Stiche mit architektonischen Themen.*

RESTAURIERUNG
UND ERNEUERUNG

CORKE LODGE

UNTEN: *Im Eßzimmer sind Fußboden, Wände und Decke weiß gestrichen. Der Glastisch wird von stilisierten ionischen Säulen getragen – ein Entwurf von Alfred Cochrane. Die marmorierten Türeinfassungen und Wandabschlüsse prägen die Architektur des Zimmers. Auf dem Regency-Sideboard stehen italienische Kerzenhalter.*

Die neu eingesetzten Fenster zu beiden Seiten der Feuerstelle geben den Blick auf Palmen und andere Pflanzen frei. »Wahrscheinlich hatte ich unbewußt die Aussicht von unserem Haus in Beirut im Sinn«, sagt Cochrane, dessen Mutter Libanesin ist. Wenn er und seine Familie sich nicht in Irland aufhielten, wohnten sie im Beit Sursock, einem prächtigen, alten osmanischen Palast mit einem Hof voller Pflanzen und einem herrlichen Ausblick auf die Mittelmeerküste.

James Shiels architektonische Phantasie ergänzte Cochrane durch seine eigene verspielte, postmoderne Mischung aus antikem und modernem Mobiliar. »Da ich mehr Schmuckstücke und Gemälde geerbt habe als Tische und Stühle, erwarb ich ein paar Möbel aus der späten Regency-Periode, der Zeit Wilhelms IV. und der frühen viktorianischen Epoche, d.h. aus den Anfangszeiten von Corke Lodge, die zum Haus paßten oder exotisch wirkten.« Aber auch nach eigenen Entwürfen hergestellte Möbelstücke fanden Verwendung. Im Eßzimmer sind Wände, Decke und Fußboden weiß gestrichen, so daß sich das Augenmerk automatisch auf die architektonischen Blickfänge richtet – die marmorierten Türeinfassungen und Wandabschlüsse und den mit ungewöhnlich großen Pfeilern geschmückten Kamin.

Anders als im Erdgeschoß sind die Wände im oberen Stock in warmen Farben gehalten, um in den langen, feuchten irischen Wintern ein wenig Behaglichkeit zu verbreiten. »Nach meinem Entwurf sollte man im Obergeschoß überwintern können; das Parterre dient eher der Unterhaltung«,

meint Cochrane. Die Bibliothek befindet sich auf der gotischen Seite des Hauses. Mehrere deutsche Schnitzereien aus dem 17. Jahrhundert über dem Kaminsims vermitteln die gleiche klösterliche Anmutung wie die gartenseitige Fassade. Ein Messinghirsch läßt Assoziationen mit einer Jagdhütte aufkommen. Vier Alkoven mit geschnitzten Holzeinfassungen – ursprünglich aus der Erlöserkirche im nahen Bray – vervollständigen das außergewöhnliche Ambiente. »Das Haus wurde als Einsiedelei geplant«, meint Cochrane. »Es ist ein gemütlicher Aufenthaltsort für einen langen Winter.«

Eklektizismus ist Alfred Cochrane in Fleisch und Blut übergegangen. »Schon als Kind träumte ich davon, Corke Lodge zu besitzen«, sagt er. Bei der Erfüllung seines Traums kann er seine architektonischen Vorlieben nach Lust und Laune verwirklichen. Der gefragte Architekt und Designer – oft reist er geschäftlich nach London oder noch weiter weg – ärgert sich zuweilen über die Einschränkungen seines Metiers. »Hier kann ich all das ausprobieren, wozu ich bei meinen Kunden niemals die Gelegenheit habe«, meint er.

OBEN: *Echte Pflanzen und aufgemaltes Blattwerk erzeugen im Wintergarten eine tropische Atmosphäre, die durch die Hängematte noch verstärkt wird. Der Überrest eines ionischen Säulenkapitells spiegelt sich in einem Glastisch. Links steht eine Chaiselongue mit Drillichbezug.*

REGISTER

Die *kursiv* gedruckten Zahlen verweisen auf Bildunterschriften.

Abbeyleix House (Grfsch. Laois) *154*
Abercorn, Herzog von 70
Adam de Hereford 48
Adamski, George: *Flying Saucers Have Landed* 70
Antiquities of Athens (Stuart/Revett) 26
Ardgillan (Schloß; Grfsch. Dublin) *159*
Ardmore Studios 171
Arlands Inch (Grfsch. Kilkenny) 151–155, *151*

Ballaghmore Castle (Grfsch. Laois) *4*
Ballinterry (Grfsch. Cork) *4, 5, 10*, 12, 83–87
Ballynabrocky (Grfsch. Wicklow) 12, *12*, 123–127
Bannon, Samantha (geb. Leslie) *65*, 70
Bannon, Ultan 70
Bantry, Mary (geb. O'Brien) 60
Bantry, Richard White, 1. Graf 59–60
Bantry, 2. Graf (Viscount Berehaven) 55, 60, *60, 61*
Bantry House (ehem. Blackrock; Grfsch. Cork) 55–61, *55, 60*
Barrington, Sir John 12
Bayliss, Phillipa 75, *75, 76, 78, 79*, 80, *80, 95*
Belmore, Armar Lowry Corry, 1. Graf 12, 23, 26, *26*
Belmore, Somerset Corry, 2. Graf 23, *26*
Berkeley, George 17, 51, 52
Berkeley Forest (Grfsch. Wexford) 51–52, *51, 52*
Bernstorff, Gräfin Anne (geb. Griffin) *51*, 52
Bernstorff, Graf Gunnar *51*, 52
Bolton, Theophilus, Erzbischof von Cashel 29
Bothar Bui (Grfsch. Kerry/Grfsch. Cork) 12, 119–121, *119*
Brooke, Lady Mabel *95*

Caffrey, Paul 44
Capard (Grfsch. Laois) *4*, 13, 145–149
Carton (Grfsch. Kildare) 21, *158*
Castle Leslie (Grfsch. Managhan) 9, 63–71, *63, 66*
Castlecoole (Grfsch. Fermanagh) 9, 12, 23–27, *23*
Castletown (Grfsch. Kildare) 9, 12, 17–21, *18*, 26, 161, 166
Clements, Nathaniel *35*
Cloncurry, Lord 75, 78, 80
Cobbe, Charles, Erzbischof von Dublin 29
Cobbe, Charles 30, 32
Cobbe, Lady Elizabeth (geb. Beresford) 29, 30, *32*
Cobbe, Frances 32
Cobbe, Thomas 29–30, *30*
Cochrane, Alfred 13, 169, *169, 170*, 171, *171, 172*, 174–175, *174*
Cochrane, Anne *65*
Cochrane, Bourke *65*
Cochrane, Sir Marc 171
Cochrane, Sir Stanley 169
Conolly, Lady Louisa 17, 18, 20, 21, *21*
Conolly, Tom 21
Conolly, William 12, 17, 21
Corke Lodge (Grfsch. Wicklow) 13, 169–175, *169*

Coyle, Anthony und Michael 12, *89, 90, 92, 92*
Croaghan (Grfsch. Derry) 139–141
Cromwell, Oliver 103, *109*

Danson, Lady Caroline *18*
Deane, Oberst Joseph 51–52
Delany, Mrs. *35*
Derry, Belagerung von (1689) 157, 159
Dickens, Charles: *Große Erwartungen* 169
Dobson, Tom 13, 145, 148–149
Douglas, Amanda 163, 164–166, *165*
Dublin 9, 35, 38, 44, 78
  Henrietta Street Nr. 7 *35*; Nr. 12 *36, 38*
  Merrion Square 38
  North Great Georges Street Nr. 50 *5, 35, 38*
  St. Stephen's Green 38
Durdin, Helen (geb. Esmonde) und Richard 104
Durdin-Robertson, David 99, 100, *100*, 104
Durdin-Robertson, Lawrence 99, *100*
Durdin-Robertson, Moira 104
Durdin-Robertson, Olivia 99, 104
Durdin-Robertson, Pamela 99

Edgeworth, Maria 51
Esmonde, Aylish (geb. O'Flaherty) und Lord Esmonde 103
Esmonde, Sir Lawrence 104
Esmonde, Thomas 103

Fedany (Grfsch. Cork) 163–167
Finn, Alec 109
Finn, Leonie 107, 109
FitzAnthony, Thomas 151, 155
Foster, Roy 12
Frizell, Charles *29*

Gale, Martin: *Cabbages* (Triptychon) *120*
Galilei, Alessandro 17
Gardiner, Luke 38
Garner, William 75, *75*
Glebe House (Grfsch. Donegal) *10*
Glendalough House (Grfsch. Wicklow) 171
Große Hungersnot 12, 32, 78
Groves Raines, Limma und Nick 12, 129, *130*
Guinness, Arthur 43
Guinness, Desmond 21, 43, 96
Guinness, Mariga 43, 48, *95*, 161, 166
Guinness, Marina 95–96, *95, 97*
Guinness, Richard 43
Guinness, Penny *95*

Hatfield, Hurd *10*, 12, 83, *83, 85*, 86, *86*
Heaney, Seamus 4, 13, 121; *Seeing Things* 119
Herbert, Gladys *60*
Hobbema-Cottages 30
Hoche, General 59
Hogan, Richard: Marmorbüsten *60*
Hone, Nathaniel: Porträt *44*
Huntington Castle (Grfsch. Carlow) 12, 99–105, *99*

Irisch-Georgianische Gesellschaft 21, 43, 166

Isis-Gemeinschaft 99–100, 103

Jakob II. 9, 157, *159*
Jerpoint (Zisterzienserabtei; Grfsch. Kilkenny) 155
Johnston, Richard 26
Joyce, P.W.: *Irish Names of Places* 163

Karl I. 157, *159*
Karl II. 103
Keane, Molly 9, 51
Kenny, Eddie und Maggie 145
King, Bill 107, 109
Knockalahara (Grfsch. Waterford) 133–137, *133*
Knox, Andrew 159
Knox, George 159
Knox, Honoria 159
Knox, Mary-Ann 159
Kubrick, Stanley: *Barry Lyndon* 12, 104

Lehane, Brendan 78
Leinster, Emily, Herzogin von 21
Leixlip Castle (Grfsch. Kildare) 12, 43–49, *43, 96*, 161
Leslie, Anita *68*, 70, 107, 109
Leslie, Dean Charles 71
Leslie, Desmond 70; *Flying Saucers Have Landed* 70
Leslie, Bischof John *63*
Leslie, Leonie (geb. Jerome) 66
Leslie, Majorie (geb. Ide) 67
Leslie, Sir John, 1. Baronet 63, 66, *68*
Leslie, Sir John, 2. Baronet 66, 71
Leslie, Sir John Norman (Jack), 4. Baronet *68*, 70, 71
Leslie, Sir Shane, 3. Baronet 67–70
Leslie, Tarka *65*, 71
Lumley, Ian *36*
Lyons, Kieran 121

McDowell, Henry 95
McVeigh, Hugh 157
MacNaughton, John 159
Malcomson, Anthony 23
Mangan, Georgina Augusta 169
Mangan, Louisa 169

Mellon, Andrew 117
Mellon, Archibald 116–117
Mellon, Matthew 117
Mellon, Thomas *113, 114*, 117, *117*
Mellon Cottage (Grfsch. Tyrone) 13, 113–117, 117
Mitford, Diana 47
Mlinaric, David 48
Morrison, Richard 78
Mulcahy, Michael: *Kidichi Man* (Gemälde) *120*
Museum of Curiosities (Kuriositätenmuseum), Newbridge 30
Myerscough, Robert 164

National Trust 26, 44
Newbridge House (Grfsch. Dublin) *10*, 12, 29–33, *29, 30*

Old School (Grfsch. Kildare) 75–81, *75, 95*

Oranmore (Grfsch. Galway) 9, 107–109, *109*

Palladianismus 17, 26, 149
Parsons, Nora 100
Pearce, Sir Edward Lovett 17, *17*, 36
Peck, Carola 13, *157*, 161
Peck, Julian 13, 161
Perceval, Sir John 17
Pickering Forest (Grfsch. Kildare) 95–97, *95*
Piggott, John 145, 149
Pilkington, Pfarrer Matthew 29
Pine Cottage (Grfsch. Mayo) 12, *89, 92, 92*
Pitt, William (der Jüngere) *36*, 78
Powerscourt, Lord 30
Prehen (ehem. Knox-House; Grfsch. Derry) 13, 157–161, *157*
Preston, John 26
Price, Erzbischof von Dublin 43

Rafferty, Sean 139, 140, *141*
Regency 13, *23, 26, 36*, 145, *146*, 169, 174, *174*
Rose, Joseph 26
Rossanagh (Grfsch. Wicklow) 166

Saidi, Nabil *38*
Scheffler, Georg von 159, 161
Scott, Patrick 12, 123, *123, 125*, 126, *126*
Scott, William: *Blue Still Life* (Lithographie) *119*
Semple, George 29
Shelswell-White, Brigitte 59
Shelswell-White, Clodagh 55
Shelswell-White, Egerton 55, 59
Shelton: Abtei (Grfsch. Wicklow) 160
Sheraton, Thomas *26*
Shiel, James 13, 169, *169, 170*, 171, 174
Skinner, David: Fries *96*
Somerville, Edith 151
Somerville-Large, Gillian 151, 155
Somerville-Large, Peter 9, 151, *152*, 155
Stewart, Andrew 140
Stewart, Lindsay 140
Stewart, Sir Alan 140
Stewart Castle (Grfsch. Derry) 139, *139*
Swift, Jonathan 67

Tomkins, Alderman 159
Tone, Wolfe 59, 116
Travies, Edouard: Stiche *151*

Ulster Folk Museum 13, 117
United Irishmen 59, 61, 78, 116

Vitruvius Britannicus 17

Walker, Dorothy 12, 119, 120
Walker, Robin 12, 119, 120
Walker, Sarah 121; Bilder *120*
Watson, Gordon 133, *133*, 136
White, Lady Elizabeth 59
Wilde, Oscar: *Das Bildnis des Dorian Gray* 83
Wilhelm von Oranien, Krieg gegen 9, 17, 51
Wyatt, James 26, *26*
Wyndham Acts 12, 63